어린 왕자와 다시 만나다

LE PETIT PRINCE EST TOUJOURS VIVANT

어린 왕자와 다시 만나다

Le Petit Prince est toujours vivant

<어린 왕자>의
실제 모델에게 듣는
우리가 몰랐던 이야기

크리스틴 미쇼, 토마 드 코닝크 지음
구영옥 옮김

어린 왕자가 돌아왔다!

프랑스의 긍정 심리학자이자 유명 저자인 크리스틴 미쇼는

우연한 기회에 토마 드 코닝크 철학 교수와 만난다.

그에게서 뭔가 비범한 느낌을 받았던 크리스틴은

토마 드 코닝크가 생텍쥐페리에게 <어린 왕자>의 영감을 주었던

그 아이였다는 사실을 알게 된다.

●

크리스틴은 이 사실을 세상에 알리고 싶었고,

둘은 〈어린 왕자〉와 생텍쥐페리를 주제로 장시간의 대화를 이어가며

이 책의 아이디어를 얻었다.

"삶을 감탄으로 만드는 방법,

생텍쥐페리가 진짜 하고 싶었던 이야기를 함께 풀어보면 어떨까요?"

●

이 아름다운 책의 마지막 장을 덮으며, 작가에게 세 가지 고마운 마음이 들었습니다.

첫째로 고마운 점은 어린 왕자를 재발견했다는 사실입니다. 〈어린 왕자〉를 처음 읽은 건 40년 전이었습니다. 그때만 해도 제게 〈어린 왕자〉는 전 세계적으로 성공한 베스트셀러 가운데 하나일 뿐이었습니다. 그러나 두 가지가 계속 마음에 남았습니다. 하나는 "중요한 것은 눈에 보이지 않아. 마음으로 봐야 해."라는 문장이었고, 또 하나는 여우와 어린 왕자의 만남이었습니다. 여우는 이 세상에 둘만의 관계 맺기를 위해 자신을 길들여 달라고 어린 왕자를 보챘습니다. 이 두 가지가 오래 제 기억에 남아 인생의 길을 밝혀준 교훈이 됐죠. 나의 친구 크리스틴 미쇼가 〈어린 왕자와 다시 만나다〉의 서문을 요청하며 이 책의 원고를 보내자마자 저는 서점으로 달려가 〈어린 왕자〉를 사서 다시 읽었습니다. 얼마나 아름다운지! 두 번째 독서는 처음 읽었을 때보다 많은 것을 깨닫게 해주었습니다. 그동안 저도 괜찮은 인생을 살아왔고 그동안 삶이 제게 가르친 중요한 인생의 교훈을 이 책에서 다시 발견할 수 있었으니까요. "이 세기, 새로운 천년이 우리에게 던지는 첫 번째 과제는 그 무엇보다도 장미를 보살피고 여우의 조언을 따르는 것입니다."라고 토마 드 코닝크가 이 책에서 말한 것처럼 말이죠.

두 번째 고마움은 알지 못했던 앙투안 드 생텍쥐페리의 다른 책들에 마음을 열게 되었다는 점입니다. 이 책에 담은 많은 인용문과 작가의 고찰을 통해서 그의 인도주의적 사유를 발견할 수 있었고 또 매우 깊이 있고 감동적이어서 당장에라도 〈성채〉, 〈인간의 대지〉, 〈야간비행〉 등 주옥같은 작품에 빠져들고 싶었죠. 어떤 독자들은 제게 "저랑 생각이 비슷해서 당신의 작품을 좋아한다."고 말합니다. 저도 제 생각과 똑 닮은 생각을 앙투안 드 생텍쥐페리의 사유 속에서 끝없이 발견했습니다. 그러면서 '인지'의 기쁨을 주는 '영혼의 척도'가 비슷할 때 우리가 타인과 연결된다는 것을 다시 한 번 확인했죠. 파리에서 처음 크리스틴 미쇼를 만났을 때도 비슷한 감정을 느꼈습니다.

세 번째로 삶에 대한 아름다운 책을 정성껏 펴낸 (만난 적은 없지만)

토마 드 코닝크와 크리스틴에게 감사함을 느꼈습니다. 이 책은 존재에 관한 즐거운 산책과 같은 책입니다. 이 산책길은 '마음이 중요하다'는 비슷한 생각을 품은 사람들과 함께하는 길인 동시에 철학(토마 드 코닝크)과 긍정심리학(크리스틴 미쇼)이라는 각기 다른 분야에서 활동하는 상호보완적인 두 저자와 함께 걷는 여정입니다. 너그럽게도 두 저자는 그들이 사랑하고 영감을 받은 위대한 인물들도 산책 대열에 합류시킵니다. 플라톤, 아리스토텔레스, 스피노자 같은 철학자와 셰익스피어, 위고, 도스토옙스키 같은 문호 그리고 과학자 아인슈타인과 더불어 부처, 예수, 테레즈 드 리지외 등 위대한 성인이 행렬에 동참합니다.

이 책이 다루고 있는 주제들은, 인생에 없어서는 안 될 요소들입니다. 아름다움, 사랑, 의식, 용서, 행복 등이죠. 그러나 저자들은 이에 그치지 않고 신, 섭리, 보이지 않는 것, 영원, 삶의 의미 등 형이상학의 주제도 과감하게 다루고 있습니다. 칸트가 형이상학이란 아이들이 어른들에게 답을 찾으라며 던진 질문이라고 말한 적이 있습니다. 그런데 생텍쥐페리 역시 '현실적이며 심각한' 어른들은 감히 떠올리지 못하는 질문을 아이들이 던지고 있다는 점을 상기시킵니다. 이 책도 우리 마음에 잠자고 있는 아이를 깨우라고 말하고 있습니다. 쉽게 놀라고 쉽게 감탄하는, 순진하고 솔직한 아이, 아무것도 아닌 일에 깔깔 대는 즐거운 아이, 상상력과 창의력이 풍부한 아이 말입니다. 앙투안 드 생텍쥐페리가 〈성채〉에서 "모래에 막대기를 심고 그것을 여왕으 로 삼아 사랑을 느끼는 것은 아이들뿐이다."라고 말한 대목이 떠오릅 니다.

크리스틴과 토마는 어릴 적 '나'라는 아이에게 아름다운 편지를 썼 습니다. 독자 여러분도 책장을 넘길 때마다 내면에서 잠자고 있는 어 릴 적 그 아이에게 편지를 쓰고 싶은 마음이 들면 좋겠습니다.

_ 프레데릭 르누아르(Frédéric Lenoir)*

---

* 프랑스의 대표적 지성으로, 세계적 철학자이자 종교사학자다. – 옮긴이

한 아이가 여러분에게 다가와 미소 짓는다면

게다가 그 아이가 금발 머리라면

또 그 아이에게 질문해도 아무 대답이 없다면

그 아이가 누군지 여러분은 아시겠죠.

그러니 친절하게 대해주시길!

내가 이렇게 슬퍼하지 않도록 말이에요.

그리고 나에게 편지를 보내주세요.

그 아이가 돌아왔노라고….

_ 〈어린 왕자〉, 앙투안 드 생텍쥐페리

<어린 왕자>의 저자에게 보내는 편지

- 크리스틴 미쇼

친애하는 앙투안

어린 왕자를 찾았다는 소식을 전하기 위해 당신에게 편지를 씁니다.

어린 왕자는 85세가 됐고 인생의 본질을 전하는 일에 그의 인생을 바쳤습니다. 겸손한 그는 마음속 깊은 곳에 살고 있는 진정한 정체성을 비밀스럽고 소중하게 여기며 시간 속을 달려왔습니다. 그러면서 의식을 깨우기 위해 끝없이 질문하고 배우며 사람들과 대화의 기회를 만들며 하루를 보내고 있습니다.

퀘벡 철학자인 그는 50년 전부터 실존적 문제들을 가르치고 있습니다. 가로등지기를 자처한 그는 특히 인간 존엄성, 그리스 철학, 교육 철학 그리고 지성, 자유, 행복, 아름다움, 죽음과 같은 '궁극적 질문'에 몰두했습니다.

친애하는 앙투안, 어린 왕자가 당신을 잊지 못한다는 사실을 알고 계시겠죠. 그는 1942년 5월 4일 밤, 당신을 처음 만난 그날을 아직도 기억하고 있습니다. 그 어린 왕자가 당신의 글에 영감을 불어넣고 인생의 길을 밝혀준 것인지는 알 수 없지만 두 사람의 영혼이 닮아 있어 서로를 알아본 것이겠죠.

빅토르 위고는 "스쳐 지나가는 사람, 얼굴만 아는 사람, 당신에게 한마디만 건네고 가는 사람들이 있다. 당신이 이 사람들과 1분 혹은 30분을 대화하면 당신의 인생이 바뀔지도 모른다."라고 말하기도 했죠. 찰나의 만남이라도 어떤 인생에는 변화의 기점이 되기도 합니다.

당신은 이미 누군가를 만나러 가는 길에 데자뷔 같은 이상한 기분을 느꼈거나 문득, 삶의 전환점을 느낀 순간이 있을 겁니다. '그 전'과 '그 후'로 나뉘는 순간들도 인생에서 경험했겠죠. 토마 드 코닝크 교수님과의 만남이 딱 그랬습니다. 우리의 만남은 우연을 가장한 운명 같았습니다. 그를 만나기 1년 전 라발대학교의 철학 학위 과정에 등록

한 후 처음으로 선택한 과목이 다름 아닌 토마 드 코닝크 교수님의 수업이었습니다. 하지만 안타깝게도 그해에 유럽 출장이 잦아지면서 결국 학위를 포기할 수밖에 없었습니다.

여름에서 가을로 계절이 바뀔 무렵 여러 프로젝트를 의논하기 위해 교수님 댁을 찾았습니다. 교수님을 기다리는 동안 그의 아내인 크리스틴 부인이 저를 반겨주셨습니다. 기쁨과 사랑으로 충만한 한 여자가 제 앞에 계셨죠. 부인은 결혼할 당시, 젊은 구혼자가 지닌 믿음에 반했다고 저에게 털어놓으셨습니다. 그리고 이런 장난스러운 말도 덧붙이셨죠. "내가 다른 행성에서 온 남자와 결혼했다는 말을 늘 입에 달고 산다는 걸 당신도 아시죠?"

제 호기심이 발동한 건 아마 토마 드 코닝크 교수님의 특별한 인상 때문인 것 같습니다. 그는 저의 질문에 친절히 대답한 후 당신을 만났던, 어릴 적 인상 깊었던 그 순간에 대해 들려주었습니다.

당신의 친구이자 토마의 아버지인 샤를 드 코닝크(Charles De Koninck)의 요청으로 콘퍼런스에 참석하기 위해 퀘벡으로 향한 당신은 퀘벡 구시가지의 생트 주느비에브 거리로 들어선 뒤 눈에 익은 그 집으로 들어갔습니다. 어른보다 아이에 관심이 많았던 당신은 그날 밤 아이들에게 수수께끼를 내고 종이비행기를 만들어 주며 당신의 그림을 몇 장 보여주기도 했죠. 어린 토마는 당신을 만난 김에 질문 세례를 쏟아 부어서 어머니를 화나게 만들기도 했습니다. 우연일지 몰라도 당신은 그 이후에 신비로운 이야기를 쓰기 시작했습니다.

여느 때처럼 토마 드 코닝크 교수님은 몇 가지 질문에 기꺼이 대답해주셨지만 너무 겸손하게도 어린 왕자라는 인물이 교수님에게 영감을 받아 탄생했을 가능성에 대해서는 너무 강조하지 않기를 바라셨습니다. 교수님을 처음 만나고 몇 주가 지난 뒤, 저는 이런 사실은 더 알려져야 한다고 생각했죠.

파리의 한 중고 서점에서 르네 젤러(Renée Zeller, 프랑스의 작가로 앙투안 드 생텍쥐페리에 대한 여러 권의 저서를 냈다. – 옮긴이)의 책 〈앙투안 드 생텍쥐페리의 비밀스러운 삶(La vie secrete d'Antoine de Saint-Exupery)〉을 우연히 발견한 후 토마 드 코닝크 교수님이 어린 왕자일 수 있겠다는 생각이 더욱 커졌습니다. 특히 이 글귀가 토마 드 코닝크 교수님의 비밀을 떠올리게 만들었습니다.

"어린 왕자의 말에 귀 기울이고 그를 사랑하는 것으로 충분하다. 어린 왕자를 영혼에 유익한 존재로 여기며 '영원' 속에 존재하는 자기 자신으로 인식하기만 해도 된다는 의미다. 모든 예술과 시가 영원 속에서 감동을 주는 것처럼 말이다. 개인적 삶과 더불어 사는 세상에서도 마찬가지다. 그 풍요로움이 사실을 구체적으로 그리고 이미지를 생생하게 전달하며 감동을 준다. 이것이 핵심이다. 이것이 정신과 세상에까지 울림을 주는 생텍쥐페리가 가진 풍요다."

토마 교수님은 자신이 아닌 그의 지식과 지혜를 들려줄 사람들을 위해 마음속에 간직해온 비밀을 밝히기로 한 것일까요? 저에게 토마 교수님과 어린 왕자의 관계는 초월에 가까운 신비로운 관계와 같습니다. 영원, 사랑하는 아이, 교수님의 살아 있는 정신은 삼위일체를 이루며 언제나 영혼에 충만한 기쁨과 영감을 줍니다.

저는 열정과 용기로 무장한 후 교수님께 뵙기를 부탁드렸습니다. 그리고 이 책을 제안했습니다. 교수님은 "그렇다면 섭리 부분은 제가 맡겠습니다."라고 대답하셨습니다. 다룰 주제, 제시할 질문 그리고 우리가 진심으로 전달하고 싶은 것들에 대해 함께 계획을 세웠죠.

우리는 이 책이 의식을 깨우고 삶을 풍요롭게 만들기 위해 독자들에게 보내는 빛나는 편지이자 그들을 안전하게 이끄는 등대, 높이 도약하기 위한 점프대이길 상상해봅니다. 우리뿐 아니라 독자들을 위해 우리가 원했던 것은 바로 은혜입니다. 아마도 우리가 가장 배우고 싶은 게 은혜라서일까요?

어린 왕자가 토마 드 코닝크 교수님으로 혹은 우리 중 누군가로 아직 살고 있다면 그는 우리에게 무슨 말을 할까요? 드 코닝크 교수님은 만약 그가 지금 이 별로 내려온다면 그는 아름다움과 의미를 찾고 있기 때문에 낙담하게 될지도 모른다고 말했습니다.

어린 왕자가 우리 안에 있는 아이로 살아갈 수 있도록 이 세상에서 아름다움과 의미를 다시금 찾는 것이 우리의 의무가 아닐까요? 친애하는 앙투안, 당신도 이를 바라지 않을까요? 기욤 아폴리네르(Guillaume Apollinaire)의 글귀처럼 "별들이 다시 불을 켤 시간"입니다.

드 코닝크 교수님의 차분한 이야기를 몇 시간 듣고 난 후 저는 어린 왕자는 여전히 우리 마음속에, 영혼 속에서 살고 있을 뿐 아니라 토마 드 코닝크 교수님의 지식과 지혜는, 당신의 아름다운 언어와 완벽하게 일치한다는 점을 분명히 전해드리고 싶었습니다.

철학은 내면이 충만하고 행복으로 가득한 존재에 필수적 요소입니다. 철학은 우리의 의식을 드높입니다. 모든 사유는 그 여정의 끝에서 시간이 멈춘 공간, 오직 한 가지 바람만 남는 곳으로 우리를 이끕니다. 바로 사랑과 빛으로 가득 찬 세상을 함께 만들고자 하는 바람이죠.

우리가 이 프로젝트를 시작하게 된 이유이기도 합니다.

어린 왕자와 다시 만나다

선물처럼 일어날 일들과 함께 우리 모두에게 은혜가 찾아오기를 바랍니다. 16세기에 흔히 들었던 그 말, "기다리는 자에게 복이 온다."는 말처럼 말이죠. 기다림이 예술이라면 철학은 그 도구입니다. 이 도구가 모두에게 어린 왕자 찾기를 가능케 하기를 기다려 봅니다.

　평안하시길 바랍니다.

생텍쥐페리 아저씨, 저를 기억하시나요?

– 토마 드 코닝크

장미와 여우를 통해 그가 보여주려고 했던 것

생텍쥐페리 아저씨에 대한 나의 기억은 여덟 살 때부터입니다. 아저씨는 질문하는 것을 좋아하는 조종사였죠. 우리 이야기에 귀를 기울였고 우리 형제들(저는 다섯 형제 중 장남이었습니다)에게 종이비행기를 만들어 어떻게 날리는지 보여주곤 했습니다. 언젠가 한번은 저명한 과학자에게 수학 문제를 냈는데 그 과학자가 끝끝내 풀지 못했습니다. 나에겐 위대한 승리의 순간이었습니다. 나의 친구가 그런 학자들보다 뛰어나다는 이야기였으니까요.

크리스틴 미쇼가 말하듯, 생텍쥐페리 아저씨는 우리에게 변함없이 자비롭고 위대한 친구입니다. 아저씨의 저서들 〈인간의 대지〉(1939), 〈전시 조종사〉(1942), 〈어느 인질에게 보내는 편지〉(1943), 〈성채〉(1948, 유고작), 그리고 360개 언어로 번역된 〈어린 왕자〉(1943)의 글귀들은 그가 얼마나 크고 얼마나 아름다운 사람인지 잘 보여줍니다.

그는 자기 자신보다 타인에게 관심이 많았던 사람입니다. 생김새나 옷차림, 나이나 성별, 재력이나 명성을 다 내려놓고 사람을 대하려고 했죠. 어른을 위한 아름다운 동화 〈어린 왕자〉에서 장미와 여우의 비유를 통해 타인과의 관계 맺음을 어떻게 해야 하는지 슬쩍 보여주기는 했습니다만 자세히는 풀어놓지 않았죠.

그런데 그가 비슷한 시기에 쓴 다른 책들에는 그의 생각을 엿볼 수 있는 내용들이 담겨 있습니다. 생텍쥐페리는 〈어린 왕자〉를 그저 아름다운 스토리를 위해 쓴 것은 아니죠. 그 속에는 우리의 정신을 고양시키고 마음을 넓히는 아이디어들이 가득합니다. 그의 생각을 밝히 드러내기 위해 우리는 조금 더 생텍쥐페리의 생각 속으로 들어갈 필요가 있다고 생각합니다. 그는 어떤 생각에서 〈어린 왕자〉를 썼을까요? 〈어린 왕자〉가 탄생한 그의 사상적 배경은 무엇일까요?

그를 이해하기 위한 키워드, 문화의 전승

그를 이해하기 위한 중요한 키워드 가운데 하나는 '문화의 전승'입니다. 〈인간의 대지〉에서 그는 어머니로부터 이어진 문화 전승에 대해 이렇게 감탄하고 있습니다.

"얼마나 신비로운 상승인가! 흘러내리는 용암에서, 별의 반죽에서, 싹 튼 생명에서 우리는 기적처럼 태어나 조금씩 상승하여 칸타타를 작곡하고 우리 은하를 관측하기에 이르렀다. 어머니는 생명만을 전해 준 것이 아니다. 어머니는 (중략) 말을 가르쳤으며 전통, 개념, 신화를 통해 동굴 속 미개인들과 뉴턴, 셰익스피어를 구분할 수 있는 방법을 알려주었다."

이 전승은 그저 입에서 입으로 이어지는 기계적 전달이 아닙니다. 그는 〈성채〉에서 이 전승의 본질 속에 숨어 있는 선대와 후대의 긴밀한 관계, 즉 사랑에 주목합니다.

"이 내면의 보물은 말이 아닌 사랑의 맥락으로 전달된다. 사랑에서 사랑으로 전달되는 유산이다. 만약 당신이 세대에서 세대로 이어지는 과정에서 한 번이라도 이를 놓친다면 사랑은 죽어버린다."

사랑에 기반을 둔 전승, 이제 우리는 생텍쥐페리가 평생 동안 놓지 않았던 주제 한 가지를 알게 되었습니다. 아직 이 주제와 〈어린 왕자〉 사이의 연관성에 대해서는 말하지 않기로 합니다. 대신 이 주제에 대한 그의 생각을 조금 더 추적해 봅시다.

생명력으로 활활 불타오르는 나무

〈어린 왕자〉에 등장하는 '지리학자'를 기억하시나요? 그는 별들의 지도를 제작하는 데 관심이 많았지만 한 번도 연구실 밖으로 나간 적도 없고 별을 자기 두 눈으로 본 적도 없습니다. 그가 하는 일이란 모험가를 기다려서 그들의 증언에 따라 별들의 지도를 그리는 일이었죠. 지리학자는 어린 왕자가 '어른들은 이상하다'고 말하는 그런 어른 중 한 명으로, 숫자와 관념 속에서 살아가는 사람입니다. 생텍쥐페리는 숫자를 말하고, 소유를 언급하는 사람, 즉 실체의 세계가 아니라 관념 속에서 살아가는 사람을 늘 안타까워했습니다. 대신 그는 손으로 잡을 수 있는 것, 눈으로 볼 수 있는 것처럼 구체적인 것을 좋아했습니다. 그렇다면 그가 말하는 '사랑에 기반을 둔 전승' 역시 그저 관념적인 말이 아니라 피가 흐르고, 생명체의 냄새를 풍기는 어떤 구체적인 형태를 띠어야 할 것 같습니다. 생텍쥐페리는 이를 위해 '나무'를 가지고 옵니다.

여러분도 상상 속에서 '나무' 하나를 떠올려보면 좋겠습니다. 길가에서 흔히 보는 나무도 좋고, 언젠가 보았던 기억 속의 나무도 괜찮습니다. 대신 뿌리는 단단히 땅에 박혀 있고, 줄기는 우뚝 솟아 있으며, 가지는 사방을 향해 팔을 벌리고 있는 만개한 나무면 좋겠습니다. 단단한 껍질의 촉감이나 가을을 맞아 색깔을 바꾸는 잎사귀를 떠올려도 좋습니다. 다만 우리는 "나무에 대해 알기 위해 나무를 분리할 필요는 없다."는 그의 말처럼, 나무를 떠올릴 때 가지와 줄기, 뿌리 등으로 나누지 말기로 해요. 벌목꾼이 도끼로 찍고 톱으로 쓸어낸 것처럼 우리 생각이 나무를 부분으로 분리하기 시작하면 그때는 더 이상 생텍쥐페리가 말하는 나무가 아니기 때문이죠.

땔감이 되어버린 나무나 그루터기만 남은 나무, 기억 속에 박제되어 있는 나무는 버리고, 불처럼 생명력으로 활활 타오르는 살아 있는 나무를 떠올려야 합니다. 이 살아 있는 나무에서 생텍쥐페리는 생명력을 보게 됩니다.

"나무가 가진 생명력은 가지가 떨어져나간 자리인 옹이들과 가지의 뒤틀림 혹은 새롭게 갈라져 나간 가지를 통해 지속된다. 인류도 그런

어린 왕자와 다시 만나다

나무처럼 성장한다."

살아 있는 것은, 그의 말처럼 '성장'이라는 특징을 갖고 있습니다. 성장이 없다면 그건 살아 있는 나무가 아닙니다. 단지 그 성장은 눈에 보이질 않습니다. 〈성채〉의 다른 페이지에서 그는 이렇게 말합니다.

"순식간에 자란 아이를 본 적 있는가? 아무도 없을 것이다. 아이의 부모조차 아이가 자라는 것을 보지 못했다. 다만 시간 간격을 두고 아이를 만난 사람들이 '네가 벌써 이렇게 컸구나!' 하고 놀랄 뿐이다. 아이는 시간 속에서 자란다. 자라는 모습은 시간 속에 감춰져 있고, 대신 아이는 매 순간 그렇게 되어야 할 존재로 눈앞에 있다."

이런 모습이 그가 말하는 살아 있는 나무의 특징을 잘 보여줍니다. 생명력이 시간 속에서 소리 없이 꿈틀거리며 가지를, 아이를 끊임없이 자라도록 하죠. 그 아이는 '너는 전사가 되어야 해, 너는 과학자가 되어야 해, 너는 돈을 많이 벌어야 해'가 아니라 '매 순간 그렇게 되어야 할 존재', 즉 자연의 모습 그대로인 존재로 성장합니다. 그처럼 부모와 긴밀히 연결되어 있고, 그처럼 건강하고, 그처럼 매 순간 조금씩 자라는 것이 생명력의 특징입니다.

인류는 자연과 무관한 존재가 아니다

이제 절반 왔습니다. 생각해 보면 나무란 것은 자연의 또 다른 존재들과 무관한 독립적인 존재가 아니죠. 나무는, 나무를 둘러싼 자연과 끊임없이 함께 호흡하는 존재입니다.

"인간이 공기 속에서, 잉어가 물속에서 살아야 하는 것처럼 나무도 빛 속에 삶을 영위한다. 뿌리는 땅에 박혀 있고 가지는 공중에 걸린 채 나무는 우리와 별 사이에 길을 만든다."

나무는 공기, 땅, 햇빛, 수액 없이는 존재할 수 없습니다. 이들 도움으로 나무는 성장을 멈추지 않죠. 다시 말하면 나무는 진공 속에서 홀로 살아가는 독립적 개체가 아니라 자연의 다른 부분들과 상호작용하는 가운데 자신을 구성하는 존재입니다.

칸트는 자연 속에서 자라는 나무와, 사람이 만든 시계를 비교하면서 자연의 산물이 가진 특성을 이런 말로 설명합니다. "자연의 산물에서 각 부분은 오직 나머지 부분들에 '의해' 존재하는 것처럼 각 부분은 나머지를 '위해' 그리고 전체를 '위해' 존재한다고 볼 수 있다."

이해를 돕기 위해 자연이 나무와 공기라는 두 부분으로 구성되어 있다고 가정해 봅시다. 이 두 가지는 자연의 산물이자 자연이라는 전체를 이루는 부분입니다. 나무는 공기 중 이산화탄소가 없으면 존재할 수 없습니다. 공기도 나무가 내뿜는 산소가 없으면 지금의 공기로 존재할 수 없죠. 나무와 공기는 서로를 위해 존재하며, 서로에 의해 존재합니다. 마치 M.C 에셔의 〈그리는 손〉처럼 서로가 서로를 그리고 있는 손의 모습이 연상됩니다. 나아가 나무와 공기는 모두 전체인 자연을 위해 존재하게 되죠.

반면 시계와 같은 인공물은 다릅니다. "물론 한 부분이 다른 부분을 '위해' 존재하지만 다른 부분에 '의해' 존재하는 것은 아니다." 볼트가 너트를 위해 존재하는 것은 맞지만 볼트가 너트에 의해 존재하는 것은 아니죠. 볼트와 너트는 둘 다 사람에 의해 존재합니다.

칸트의 설명까지 곁들이면 생텍쥐페리가 어떤 시선으로 '나무'를 바라보고 있는지 조금 더 명확해집니다. 그는 '나무'를 보면서, 그 근원이 되는 아버지와 어머니로부터 지금의 우리에 이르는 장구한 세월 동안 끊임없이 약진하는 생명력을 느끼는 동시에, 이 나무가 자연의 한 구성원으로서 어떻게 자연과 함께 호흡하고 있는지도 엿보고 있는 것이죠. 그게 '나무'의 의미입니다. 인류는 그 나무처럼 하나의 뿌리에서 자라며 자연의 구성원으로 살아왔습니다. 그러는 가운데 문명을 일구어왔습니다.

사명감의 발견

이제 다 왔습니다. 이제 생텍쥐페리는 시선을 자기 자신으로 돌립니다. '사랑에 기반을 둔 전승'을 중시한 생텍쥐페리는 자연스럽게 자신이 이 땅에 태어난 이유를 찾게 되고, 사명감을 갖게 됩니다. 그는 〈성채〉에서 이렇게 말합니다.

"서양 삼나무는 쉬지 않고 토대를 쌓는다. 나도 매 순간 나의 거처가 유지되도록 그 토대를 쌓아야겠다."

앞에서 인용한 '얼마나 신비로운 상승인가!'라는 문장을 기억하시나요? 상승이란 토대를 쌓고 위로 오른다는 말입니다. 우리가 지금 서 있는 자리는, 선대가 쌓은 토대 덕분에 가능합니다. 선대가 남긴 아름다운 유산 덕분에 우리는 지금 높이에 서 있는 것이죠. 이 유산들을 단지 물려받고 끝이 아니라 나 역시 이 유산들을 더욱 풍부하게 만들어 나의 후대가 더 높은 토대 위에서 삶을 출발할 수 있도록 해야 합니다. 나무가 쉬지 않고 줄기를 키워가듯 자신 역시 인류의 토대를 높여가는 것, 그것이 생텍쥐페리가 발견한 자신의 사명입니다.

지금까지 '나무'의 이미지를 통해 그가 말하려는 것이 무엇인지 살펴보았습니다. 이를 관념적으로 표현하면 '사랑에 기반을 둔 전승'이

어린 왕자와 다시 만나다

될 것이고, 그것을 살아 있는 구체적인 이미지로 떠올리면 '나무'가 됩니다. 그리고 그는 그 안에서 자신의 사명을 발견했죠. 그런데 하필 그가 청춘을 보내던 때는 반목과 갈등, 전쟁이 한창인 제2차 세계대전 때였습니다. 세상이 갑자기 어머니를 부정하고 형제에게 총부리를 돌렸습니다. 마치 자기는 부모도 없고, 형제도 없이 하늘에서 뚝 떨어진 새로운 인종이라는 듯 말이죠. 몇몇 사람들은 자신이 태어난 집을 잊어버려 마치 기억 상실증에 걸린 것 같았습니다.

"그런데 우리는 그 사실을 망각했다."

차별을 넘어

〈어느 인질에게 보내는 편지〉(1943년)에서 생텍쥐페리는 스페인 내전을 취재하기 위해 특파원으로 갔다가 무정부주의 민병대원들에게 붙잡혀 포로가 되었던 일을 들려줍니다. 포로 생활은 갑갑했고, 불안했으며 미움과 혐오가 주위를 감싸고 있었습니다. 그러나 '매우 비밀스러운 기적'이 벌어지며 분위기가 전환됩니다. 생텍쥐페리가 보초에게 담배를 요구한 순간이었습니다. 그때 보초가 옅은 미소를 지으며 담배를 건네줍니다.

"그가 기지개를 켜더니 천천히 손으로 이마를 만졌다. 전과 달리 내 넥타이가 아닌 내 얼굴을 바라보았는데 놀랍게도 나에게 옅은 미소를 지어 보였다. 마치 떠오르는 해를 보는 것 같았다. 기적이 벌어졌다. 긴장감이 풀리는 정도가 아니라 긴장 자체가 증발해 버렸다. 마치 태양이 어둠을 지우듯이. 그의 미소 이후 나는 어떤 긴장감도 느낄 수 없었다. 물론 이 기적이 내가 처한 상황까지 바꾸진 못했다. (중략) 그러나 본질이 달라졌다. 그 미소가 나를 긴장감에서 해방시켰다. 떠오르는 태양만큼 결정적이고 뒤따를 결과가 분명하며 돌이킬 수 없는 신호였다. 그는 새로운 시대를 열었다. 달라진 것은 없지만 모든 것이 변했다. 그들 무리는 방금 전과 똑같은 자리에 그대로 있었고, 1초 전만 해도 나에게는 고대인들보다 더 먼 존재였다. 그러나 이제 그들은 비슷한 시대에 태어난 이들이 됐다. 존재한다는 특별한 감정을 나는 느꼈다. 그렇다, 존재함! 그래서 동질감을 느꼈다."

생텍쥐페리는 그 뒤에 이렇게 덧붙였습니다.

"나는 새롭고 자유로운 나라에서 그러했던 것처럼 모두에게 향해 있는 그들의 미소에 빠졌다. 사하라 사막 구조대원들의 미소에 빠졌을 때처럼 그들의 미소에 빠진 것이다. (중략) 조난자일 때는 구조대원들의 미소에서, 구조대원일 때는 조난자들의 미소에서 나는 너무 행복했던 조국을 떠올린다. 진정한 기쁨은 손님으로 느끼는 기쁨이다. 이런 기쁨을 느낄 기회는 구조를 받는 순간뿐이다. 이때 물은 인간의 선한 의지에서 비롯된 선물이 아니라면 기쁘게 할 힘이 없다. 축제를 밝히는 미소만이 환자에 대한 정성, 추방자를 위한 환대, 용서마저도 가치 있게 한다. 언어, 계급, 정치 성향을 뛰어넘는 미소 안에서 우리는 조우하게 된다."

그가 살았던 시대는 적군과 아군으로 갈라져서 싸우던 시절이었습니다. 그러나 사람에 대해서 차별하는 마음이 없었던 생텍쥐페리는 그 긴장감을 깨뜨리는 미소를 발견합니다. 나는 포로고, 너는 적군이라는 생각이 마음을 지배하고 있다면 어쩌면 그 미소가 적군의 잔인한 냉소처럼 보였을지도 모릅니다. 그런데 생텍쥐페리에게는 인류는 모두 형제라는 생각이 있었습니다. 그래서 미소를 발견할 수 있었고, 기쁨을 느낍니다. '언어, 계급, 정치 성향을 뛰어넘는 미소 안에서 조우하게' 되는 것이죠.

생텍쥐페리는 이처럼 너와 내가 긴밀하게 연결되어 있고, 내가 너에게, 네가 나에게 책임을 느끼는 그런 공간을 '문명'이라는 단어로 표현합니다. 기술이 아무리 발달해도 '사랑에 기반을 둔 전승'을 중시하는 곳이 아니라면 그건 문명이 아니라 야만이죠. 그 문명 속에서 그는 풍요로움을 느낍니다.

"나의 문명에서는 나와 다른 사람은 나를 손상하기는커녕 나를 풍요롭게 한다. (중략) 사이를 연결해주는 매듭이 없다면 인간은 그저 나란히 서 있는 것일 뿐 연결된 것이 아니다."

그러나 주의할 게 있습니다. 이 문명에서는 서로가 연결되어 있으나 서로 다름을 인정합니다.

"문명은 각각의 다양성을 제거하지 않으면서 그 일치성 안에서 연결하는 힘만을 가지고 있다."

그런 기쁨을 누릴 수 있는 인간 공동체를 만들려면 어떻게 해야 할까요? 〈성채〉에서 그는 교육에 대해 이야기하면서 무엇보다 가장 먼저 가르쳐야 할 것은 지식이 아니라 사랑이라고 말합니다. "사랑을 먼저 헤아리라."

생텍쥐페리의 이 말은 그 어느 때보다도 21세기를 살아가는 우리에게 가장 절실해 보입니다. 하나의 국가 안에서 벌어지는 일들, 혹은 국가 간의 관계를 생각해 보면 왜 지금 생텍쥐페리의 생각이 필요한지 충분히 이해할 수 있습니다. 우애가 이만큼 필요하고 또 부족한 적은 없었습니다. 보통은 '정의'에 대해서 더 많이들 이야기하고 있지만 아리스토텔레스는 '인간이 서로 친구일 때 더 이상 정의는 필요하지 않다'고 말했습니다. 인간이 단지 정의에 만족한다고 하더라도 그와는 별도로 우애가 필요합니다. 정의의 가장 훌륭한 표현이 우애이기 때문이죠. 우애에 눈을 뜨게 되면 우리는 미개함도 정의를 내릴 수 있습니다. 미개함은 인간적 연대가 사라진 곳에서 동물의 본능이 깨어날 때 나타납니다. 아우슈비츠나 구소련과 중국의 강제노동수용소 그리고 전염병만큼이나 전 세계 곳곳에서 벌어지는 전쟁과 기아 역시 미개함으로부터 탄생합니다. 그러나 지금 어떤가요? 차별은 점차 확대되고 있고, 이를 극복할 수 있는 미소와 우애는 북극의 만년설처럼 사라지고 있죠. 그리고 이와 대조적으로 인류의 지능은 점차 발달하고 있고, 반면 사랑은 퇴보하고 있는 것처럼 보입니다. 생텍쥐페리 역시 1942년에 쓴 〈전시 조종사〉에서 차별이 지능과 함께 자라고 있다는 점을 지적했습니다.

"지성은 사랑에만 봉사한다. (중략) 우리는 오래전부터 지성이 마치 주인공인 것처럼 착각한 나머지 인간의 본질인 사랑을 등한시했다. 우리는 타락한 자들의 재능이 승리를 이끌고 그 재능만이 고귀한 대의에 도움이 된다고 믿었다. 교활한 이기주의가 희생정신을 불러일으킨다고 믿었으며, 메마른 마음씨가 동지애와 사랑을 쌓을 수 있다고 믿었다."

우리는 공동의 선이 가진 우월함을 잊었습니다. 생텍쥐페리의 문장
은 레바논의 위대한 작가인 아민 말루프(Amin Maalouf)의 글을 예고
하는 것처럼 보입니다. 아민은 독자적인 언어가 있으며 고유한 문화
의 명료한 상징을 가진 공동 문명에서 소외됐다고 느끼는 사람이 없
기를 바랐습니다. 또 "모든 사람은 새로운 세기, 새천년에 더욱 중요
해질 새로운 요소, 즉 인간이 내딛게 될 역사와 함께하고 있다는 소
속감을 자기 정체성으로 느낄 수 있어야 한다."라고 강조했습니다.
차별을 극복하지 못하면, 사랑을 회복하지 못하면 우리는 구원받지
못할지도 모릅니다.

장미를 보살피고 여우의 조언을 따를 것

왜 차별을 넘고, 사랑을 회복해야 할까요? 사람에게 주어진 의무라
서? 의무란 누가 누구에게 강제하고 부과한 것을 의미하는데 생텍쥐
페리는 그런 것과 거리가 먼 사람입니다. 도리어 그의 성찰이 자연스
럽게 이런 결론에 이르렀다고 말하는 게 좋아 보입니다.

어린 왕자와 다시 만나다

에마뉘엘 레비나스(Emmanuel Levinas)를 비롯하여 현대 철학자들이 윤리에 관심을 보인 것은 나치와 같은 전체주의 사상이 근대 철학에 영향을 받았다고 보기 때문입니다. 데카르트로부터 시작된 근대 철학은 '나'를 중심으로 한 존재론이 주류였습니다(나는 생각한다. 고로 존재한다.). 이런 존재론에서는 세상의 중심을 '나'로 보고, 최대한 많은 것을 '나'로 통합시킵니다. 사람 사이의 차이를 다 무시하고, 정체성을 공유하는 특정 집단, 극단적으로 나치가 탄생하는 것이죠.

이를 극복하려면 어떻게 해야 할까요? 나와 차이를 지닌 사람(타자)을 발견하는 게 중요한 문제가 됩니다. 그 사람과 어떤 관계를 맺어야 하는지가 중요한 이슈가 됩니다.

이 문제를 풀려면 우선 타자가 누구인지 정의해야 합니다. 이 타자는 '나'와 차이점이 적을지언정 '나'와 똑같아질 수는 없는 그 누군가를 말합니다('나'로 결코 환원될 수 없는 누군가). 나와 다르다는 말은, 나로서는 이해할 수 없다는 얘기입니다. 동질감을 느낄 수 없기 때문에 그 사람이 왜 그렇게 행동하는지, 왜 그렇게 말하는지 납득이 되질 않습니다. 상대를 낯선 상태 그대로 두고, 그 낯섦을 존중하고 있다면 레비나스가 말하는 타자로 인식하고 있다는 말입니다. 데카르트는 '나'를 중심에 두고 그의 사상을 전개했습니다. 그러나 레비나스 철학은

'타자'가 중심에 있습니다. '나'는 도리어 '타자'를 위해 존재한다고 레비나스를 말합니다. 도덕적 책임을 다하기 위해서 말이죠.

언뜻 이해하기 어려운 부분이 있을지도 모릅니다. 그저 개개인이 대등한 가운데 서로를 존중하고 협력하며 살아가면 그만이지 굳이 타인에 대한 도덕적 책임을 가질 필요는 없어 보입니다. 그런데 여기에는 중요한 생각이 한 가지 빠져 있습니다. 레비나스가 말하는 이타적 교류는 단지 강제된 의무가 아닙니다. 도리어 그 교류가 '나'의 탄생에 매우 큰 영향을 끼치기 때문에 이타적 교류는 타인을 위한 행위이자 동시에 나의 존재 이유가 되죠.

흔히 나다움 혹은 정체성이란 것이 저절로 탄생한다고 여깁니다. 나다움이란 태어날 때 자연스럽게 내 신체 어딘가에 내장되어 있다고 믿는 것이죠. 그래서 자신과의 대화, 즉 독백을 통해 발견한다고 여깁니다. 거울을 보며 '네가 진짜 바라는 삶은 어떤 삶이니?' 하고 묻기도 하면서 숨겨진 자기 정체성을 찾으려고 하죠. 그러나 철학자들과 과학자들은 조금 다른 얘기를 합니다. 실제로는 이와 반대로 타인과의 대화나 혹은 다툼에 의한 것일지라도 타인과의 상호작용을 통해 자신의 정체성이 서서히 만들어진다고 그들은 말합니다. 낯선 생각, 낯선 손길과 만나면서 지금의 '나'라는 생각이 자라게 되는 것이죠. 대개

'나'라고 여기는 것은 내가 익숙하다고 느끼는 생각, 내가 편안하다고 느끼는 감정과 연관이 깊습니다. '나는 이런 음식을 좋아해.', '나는 이런 스타일이 좋아.' 하는 것은 원래부터 내 안에 있던 생각이 아니라 타인과 교류하는 사이에 자연스럽게 만들어진 것입니다(일방적 영향이 아니라 그 사이에서). 우리는 우리가 의식하지 못하는 상태에서 일부 친구들(혹은 적들) 그리고 부모와 숱한 대화를 나누며 자기 자신을 만들어왔습니다. 혹은 반대로 그들 역시 나의 생각에 영향을 받으며 그들의 정체성을 만듭니다.

그래서 교류는 인간의 본질을 이룹니다. 교류 없이는 인간도 존재하지 않는다고 말할 수 있죠. 그러나 교류의 대상이 되는 타자란 내가 완전히 이해할 수 있는 사람이 아니기 때문에 교류는 언제나 갈증을 느끼는 순간과 부딪치죠.

교류가 갈증을 느끼는 순간이란 어떤 순간일까요? 예를 들어 그를 열렬히 사랑하는데 그에게 표현할 방법이 없을 때, 그가 내 마음을 알아주지 않을 때죠. 그때 성 아우구스티누스가 "사랑하는 사람만이 노래를 부른다(Cantare amantis est)."라고 말했던 것처럼, 내 마음이 애가 탈 때 우리 입에서는 노래가 터져 나옵니다.

우리는 문화가 예술가의 노력에 의해서 탄생한다고 생각하는 경향이 있습니다. 그러나 문화는 관계 맺음에서 갈증을 느낄 때도 얼마든지 태어납니다. 그래서 그 노래에는 내가 지금 무엇에 갈증을 느끼는지, 이게 나를 어떻게 힘들게 하는지, 이 갈증을 어떻게 해소하고 싶은지 그 내용이 담겨 있습니다.

문학의 시초가 되는 노래에 왜 그토록 많은 모험, 여정, 조난, 극복이 나오는지 우리는 조금 이해하게 됩니다. 타인과의 관계 문제는 우리의 구체적인 삶, 즉 인간의 삶, 개인적 역사와 인간의 역사를 만들어온 주요한 주제였으며, 끝없이 변주되었습니다. 그 가운데 우리 육체뿐 아니라 정신은 끊임없이 위협을 받으며 성장하기도 하고, 때로는 쇠퇴하기도 합니다. 답을 찾아 길을 떠나는 이야기들이 수많은 노래와 문학을 통해 표현되었습니다. 그 과정은 늘 긴장 속에 휘말려 있고, 노래하는 이는 쉽사리 포기함이 없이 난관을 뛰어넘어 최종 목표를 추구하게 되죠. 음악은 이런 긴장과 추구를 훌륭하게 보여줍니다. 노래하는 이가 문제를 어떻게 인식하는지, 문제를 어떻게 풀어가려고 하는지 구조적으로 잘 보여주고 있죠. 〈성채〉에서 생텍쥐페리는 음악을 '구체적인 건축물'이라고 말했습니다. 그 '구체적인 건축물'을 보면 노래하는 이가 어떤 사람인지, 그가 속한 문화권이 어떤 방식으로 문제를 받아들이고 해결하는지 알 수 있게 됩니다.

"필수적인 선물은 축제로 가는 길이다. (중략) 당신의 문명을 판단하려면 나에게 당신의 축제가 어떤 축제인지 그리고 어떤 취향의 축제인지 알려주길 바란다. (중략) 무용, 노래 그리고 열정을 키우는 기도도 마찬가지다. 열정은 나중에 기도나 사랑을 북돋는다. 내가 상태를 바꾸거나 더 이상 움직이거나 행동하지 않는다면 그것은 내가 죽은 것과 다를 바 없기 때문이다. 그래서 나는 장황한 설명이 아닌 찬송가 속에 치료약이 있다는 것을 잘 알고 있다."

음악에 표현된 여정과 극복의 이미지들은 우리 마음에 들어와 지성, 상상, 기억, 감성과 함께 우리 삶을 이끄는 나침반이 됩니다. 이들은 광범위하게 무의식적으로 영향을 끼칩니다. 그 무의식 속에서 종종 문제의 사태가 명확해지고, 예술 표현을 통해 자기 한계를 넘고 발전을 이룩합니다. 이렇게 축제에 참여하여 함께 노래했던 사람들은 예술가가 됩니다. 사람들은 자기만의 방식으로 예술을 만들어 의미를 전달하며, 이는 아무도 흉내 낼 수 없는 고유의 정체성을 이루게 되죠.

지금까지의 과정을 하나의 인생에 대입해 보면 이렇게 됩니다. 서로 똑같지 않은 사람 사이의 이타적 대화 덕분에 교류에 참여한 모든 사람들의 정체성이 탄생하고, 그들이 계속 존재하는 동안 예술, 몸짓, 사랑이라는 언어를 통해 기쁨과 고통을 표현하며, 이를 다시 서로 나누고 다시 서로를 변화하도록 만드는 것. 생텍쥐페리가 생각한 것은 이런 공동체, 이런 인간관계가 아니었을까요?

이와 같이 우리는 관계, 소통, 상징물, 문화 안에서 우리 자신을 만들어갑니다. 결코 타인에게 완전히 다가갈 수 없다는 사실, 결코 타인을 완벽히 이해할 수 없다는 사실은, 역설적으로 우리가 교류하고 사랑하기 위해 만들어졌다는 것을 보여주는 것 같습니다. 이런 식으로 우리는 나와 다른 타인의 존재를 인정하고 존중하게 됩니다. 누군가에게, 내면에서 비롯된, 해야 할 말이 있어야 합니다. 낯선 그대에게 말을 걸기 위해서는 타인의 고유한 정체성을 인지하고 조금이라도 서로 이해하기 위해 노력하며 자기 자신을 받아들일 준비가 되어 있어야 합니다. 모든 말이 다 소통은 아닙니다. 어떤 말들은 교류의 가능성이 아니라 공허에서 비롯됐기 때문입니다. 휘발되고 빈약한 정보들이 범람하며, 버려도 다시금 우리의 기억을 침식하고 질식시키는 말들도 분명 존재하죠. 또한 소통에 나서는 모든 사람이 타인을 신뢰하는 것은 아닙니다. 구체적인 삶이 아니라 존재하지도 않는 관념에 기대어 소통을 하려는 사람도 있습니다. 그때 고립의 지옥이 펼쳐지죠. 마음은 움직이지 않은 채 공허한 말들이 오가고, 타인에 대한 배려 없이 무책임한 언어들이 소비될 때 사람과 사람이 서로를 소외시키고 무인도에 갇혀 있는 듯한 고통을 안겨줍니다. 그처럼 소통의 부재가 극심해질 때 반대로 소통의 필요성이 커집니다. 우리가 상상할 수 있는 것 이상으로 소통은 가치 있고, 의미 있으며, 그리고 힘이 있다고 막연하게나마 예감하게 되죠. 인간의 소통은 대단한 동시에 취약하고 겉으로 보이는 것보다 훨씬 더 섬세하고 풍부하며 건설적(혹은 파괴적)입니다. 이 소통을 진정한 소통으로 만들려면 이념이나 관념으로 존재하는 어떤 조직이 아니라 가정이나 국가 같은 구체적인 인간 공동체 속으로 들어가야 합니다. 그런 실재하는 공동체가 있어야 하고, 또한 그 속에 문화가 있을 때 비로소 진짜 소통이 가능해집니다.

인간의 발전은, 그런 환경에서 가능했습니다. 절대로 인간은 민족주의와 같은 관념에서는 발전하지 못했습니다. 국가는 문화를 통해 존재하고, 문화를 위해 존재합니다. 국가의 정체성과 주권은 고유의 문화를 통해 유지됩니다. 문화의 힘은 다른 어떤 힘보다도 큽니다. 침략자 앞에서도 굴복하지 않았던 수많은 고대인들의 문화처럼 말이죠.

문화가 없는 곳은 개성이 없는 곳이고, 그런 곳에서 사는 사람들은 이름이 없습니다. 마치 호메로스의 〈오디세이아〉에서 율리시스가 외눈박이 거인을 속이기 위해 던진 말, "내 이름은 아무도 아니야(nobody)다."처럼 아무도 자기 이름이 없습니다. 추상적이고 익명성이 높은 국가에서는 문화가 발을 들여놓지 못합니다. 이런 국가들이 개성을 말살하는 방식을 독일의 철학자 위르겐 하버마스(Jürgen Habermas)가 잘 표현해 놓았습니다.

"'좋은 삶'과 관련된 개념들은 추상적인 의무들처럼 우리에게 어떤 재현도 연상시키지 않는다. 그래서 이런 개념들은 각각의 문화와 개성의 구성 요소가 될 정도로 다수와 개인에게 정체성을 주입한다."

사회 발전을 가능케 하는 첫 번째 요소는 정치나 경제가 아니라 문화입니다. 오늘날 소통이라는 새로운 힘이 어떻게 정치와 사회, 경제와 과학을 모두 재구축하는지 확인하는 것만으로도 문화의 힘이 얼마나 큰지 알 수 있습니다.

문화란 국민의 존재를 근본적이고 통일성 있게 표현한 것입니다. '문화'를 말하는 것은 국민의 영혼을 세우고 온갖 시련에서 살아남은 국가적 정체성을 표현하는 것입니다. 문화에 따라 모든 국민은 다른 국민과 구별되고, 타국에 대한 기여를 통해 풍부해집니다. 경제력은 떨어져도 문화가 풍부한 나라는 다른 나라를 충분히 도울 수 있습니다. 또한 문화는 전쟁, 억압, 기아, 실업이라는 사회 문제와 분리되지 않습니다. 문화를 통해 이 문제들을 이해하고 설정하며 해결하기도 하고 예방하기 때문이죠. 넓은 의미에서 국민의 발전을 보장하고 완

어린 왕자와 다시 만나다

전함을 지켜주는 것이 바로 문화이기도 합니다. "어떤 풍경이든 문화나 문명, 그리고 직업을 거치지 않고서는 아무런 의미도 가지지 못한다는 점을 나는 이미 알고 있었다."라고 생텍쥐페리는 〈인간의 대지〉에서 말했습니다.

이 문화를 만드는 것이 바로 인간관계에 대한 갈증입니다. 신과 영원에 대한 주제를 놀랍게 풀어낸 〈성채〉에서 생텍쥐페리는 "신을 빼앗겨서 제일 먼저 느끼는 지루함"이라고 말했죠. 우리는 지금 기쁨이 없는 사랑 때문에 진정 죽을 것 같은 지루함을 느끼고 있습니다. 우리가 어떤 것을 '현실'이라고 느끼는 것은 도덕과 아름다움에 대한 배고픔이나 목마름과 같은 욕구 때문이지 추상적이고 뛰어난 지성 때문이 아닙니다. "근본적으로 사랑은 사랑에 대한 갈망인 것이고 문화는 문화에 대한 갈망이기 때문"이라고 생텍쥐페리는 〈성채〉에서 말했습니다. 문화는 빈자리를 느낄 때 시작됩니다. 언젠가 우리 곁에 있었으나 지금은 없어진 것, 그래서 다시 보고 싶은 것, 생텍쥐페리가 그토록 다시 만나고 싶었던 것, 〈어린 왕자〉를 다시금 찾아야 할 때입니다.

그래서 이 세기, 새로운 천년이 우리에게 던져주는 첫 번째 도전 목표는 그 무엇보다도 장미를 보살피고 여우의 조언을 따르는 것입니다.

|
목
차
|

•

•

어떻게 내 안의 아이를

다시금 살아나게

할 수 있을까?

내가 어디에서 왔냐고?
나는 내 어린 시절에서 왔다.
어떤 나라에서 오듯 내 어린 시절에서 왔다.

_〈전시 조종사〉, 앙투안 드 생텍쥐페리

"그런데… 너는 여기서 뭘 하고 있니?" 갑자기 나타난 어린 왕자에게 생텍쥐페리는 물었습니다. 어린 왕자는 "미안하지만 양 좀 그려줄래?"라고 대답했죠. 이것이 작가와 그의 유명한 주인공의 감동적인 첫 만남입니다. 훗날 생텍쥐페리는 당시의 심정을 이렇게 회상했습니다. "불가사의한 일이 강렬한 인상으로 다가오면 복종할 수밖에 없게 되죠."

생텍쥐페리가 어린 왕자를 만난 곳은 사막 한가운데였습니다. 그는 불시착한 비행기를 수리하고 있었습니다. 물은 조금밖에 남지 않았고, 마음은 급했습니다. 죽을지도 모른다, 어디가 고장 난 것인지도 모른다, 이걸 돌려야 하나, 저쪽이 망가졌다면 큰일인데 그런 생각이 머릿속을 가득 채우고 손길은 분주했습니다. 그런 긴박한 상황에 아이가 나타나 양을 그려달라고 합니다. 찬물을 뒤집어 쓴 것 같은 순간입니다. 그런데 그는 뭣에 홀린 듯 닥친 현실을 잊고 종이와 연필을 꺼내듭니다. 이해할 수 없는 놀라움과 마주한 것이죠.

유년 시절 우리는 마술을 보며 마음이 온통 사로잡혔습니다. 이해할 수 없는 놀라움은 본래 아이들의 것입니다. 어른들은 대개 팔짱을 낀 채 마술을 속임수라고 여기며 어떤 트릭이 숨어 있는지 추리하느라 미간을 찌푸리고 있죠. 그런데 어떤 어른이 만일 그 마술에서 경이로운 감정을 느꼈다면 그건 분명 그의 마음속에 잠재되어 있던 어린아이가 반응한 것일 테죠. 그는 아주 잠깐일지라도 마음속에 살고 있는 아이를 다시금 되살린 것입니다.

아이들이 바라보는 이 세계는 마법의 세계와 다름이 없습니다. 아이들은 순수하고 경이로운 시선으로 세상을 바라봅니다. 아이가 보는 그 세계는 모든 것이 처음 같고, 모든 것이 낯설고, 모든 것이 발견이자 모험 같습니다. 도무지 지루할 틈이 없습니다.

우리도 한때는 어린아이였습니다. 그리고 지금도 어린아이가 될 수 있습니다. 어린 왕자가 우리에게 온 것은 이런 사실을 알려주기 위해서가 아닐까요?

"아이들만이 자신이 무엇을 찾고 있는지 알고 있다."

_ 〈어린 왕자〉, 앙투안 드 생텍쥐페리

─── **내 안에 씨앗 발견하기, 상상력** ───

외국인이나 타 지역 사람을 만나면 흔히 묻는 질문이 있죠. 당신은 어디서 왔습니까? 어디 출신이죠? 생텍쥐페리의 대답은 흥미롭습니다. '나는 어린 시절에서 왔습니다.'

우리는 우리 삶이 시작된 곳으로 돌아가려고 합니다. 지금의 나를 탄생시킨 그 어린아이를 회복시키려고 합니다. 2500년 전 그리스 철학자인 아낙사고라스가 "세상 모든 만물에는 그것을 이루는 종자가 있다."고 말했던 것처럼 무궁무진한 가능성을 품고 있는 그 씨앗을 되살리려고 합니다.

어린아이가 어른과 가장 다른 점은, 똑같은 걸 봐도 다르게 본다는 점이죠. 어른들은 '현실'이라고 부르는 틀에 갇혀 세상을 숫자와 경제력, 건강, 명예, 권력으로 읽습니다만, 아이들은 그런 틀에서 벗어나 자신의 세상을 끝없이 재발견합니다. 이를 가능하게 만드는 것이 바로 상상력입니다.

상상력은 어디에서 오는 것일까요? 프랑스의 철학자 장-자크 우넨뷔르게(Jean-Jacques Wunenburger)는 "상상력은 인간이 타인, 외부, 무한함, 궁극적으로는 신성으로부터 경험한 것을 나타낸다."고 말하며, 상상력의 원천으로 외적 경험과, 유한한 존재의 마음 안에 살고 있는 초월적 존재에 대한 내적 경험을 언급합니다. 예를 들어 인간은 같은 시간에 두 곳에 동시에 존재할 수 없지만 인간을 초월한 존재는 모든 시간에 모든 공간에 두루 있을 수 있다고 우리는 상상하죠. 그런 존재가 실재하는지는 둘째 문제입니다. 다만 우리가 무한한 존재나 상황을 머릿속으로 떠올릴 수 있다는 게 핵심입니다.

이런 상상력은 우리가 '현실'이라고 부르는 차갑고 습한 감옥에서 벗어나도록 돕습니다. 상상력을 가동시킨 수감자는 높다란 담벼락을 뛰어넘어 더 자유롭고 더 밝은 곳으로 탈출할 수 있습니다. 또한 지금의 내가 아닌 다른 누군가가 될 수 있습니다. 원하기만 하면 지구 반대편으로 순간 이동을 할 수도 있습니다.

어떤 면에서 상상력은 백일몽처럼 보입니다. 그러나 칸트에 따르면 상상력은 백일몽과 달리 자신의 잠재력을 극대화하는 도구로 기능합니다. 그게 가능한 것은 상상력이 초월 욕구와 매우 밀접하게 닿아 있기 때문입니다.

"인간은 자신을 능가하는 것에 근접했을 때만 자신의 최대치에 도달할 수 있다. 무한함은 오로지 자신의 유한함 안에서만 발현되기 때문에 정신이 그 한계를 초월하고자 하는 바람이 곧 상상력이다."

이런 칸트의 생각을 교육학에 접목시킨 사람이 있습니다. 이탈리아 교육자인 마리아 몬테소리입니다. 그는 아이들이 주어진 한계 안에서 벗어나도록 돕기 위해 상상력과 자율성에 초점을 맞춘 교육을 제안했습니다. 아이들의 호기심을 자극하여 잠재력을 극대화시키는 것이 핵심이죠. 가령 아이가 친구의 피아노 재능을 부러워할 때 그 욕구를 억누르기보다는 이를 자극하여 자신의 한계치를 넘어설 수 있는 동력이 되도록 이끌어줍니다. 한 명이 보여준 재능이 다른 아이들의 잠재력을 폭발시킬 수 있는 트리거가 됩니다. 스포츠 분야에서도 재능이 뛰어난 사람이 동료들의 탄성을 자아내는 일이 흔한데 이를 계기로 동료들의 능력이 향상되는 경우가 종종 보고됩니다. 그리고 그 과정에서 탄성을 지르고 부러워했던 사람들은 '그 일을 잘하고 있는 자기 자신의 모습'을 상상하는 과정을 거치며 미래 이미지를 떠올리게 됩니다. 그 이미지는 우리에게 어디로 가야 하는지 알려주죠. "중요한 것은 어디에 도달하는 것이 아니라 어디로 향하는 것이다." 〈성채〉에서 생텍쥐페리가 한 말입니다. 프랑스의 시인이자 사상가인 폴 발레리(Paul Valéry)도 한마디 거듭니다.

"누군가에게 무엇을 가르치기 위해서는 무엇보다 지식에 대한 욕구를 일깨우는 것이 중요하다. 그것만으로도 충분하다. 그 외의 것은 아무 소용이 없다."

프랑스의 정치인이자 사상가인 시몬 베유(Simone Weil) 역시 욕구에 대해서 말했습니다. "지성은 욕구에만 이끌린다. 욕구에는 즐거움과 기쁨이 따라야 한다."

욕구를 북돋는 것, 성장하려는 참을 수 없는 욕구를 키우는 것이 바로 교육자의 역할입니다. 누구라도 인생에서 이러 참 스승을 만났다면 평생 그를 잊지 못할 겁니다.

그러나 욕구는 부족한 것을 채우는 데 목적이 있는 게 아닙니다. 욕구는 우리를 상상 속으로 인도하고 인간을 성장하도록 북돋는 게 그 존재 의의입니다.

어린 왕자와 다시 만나다

상상력을 회복하기 위해 유년 시절의 어렴풋한 기억을 더듬어 보기를 권합니다. 잠들어 있는 오랜 기억을 회상하는 과정에서 우리는 과거를 재해석하게 되고, 뭔가 새로운 생각을 갖게 되죠. 가만히 어린 시절을 떠올려 봅니다. 어릴 적 감동받은 동화나 이야기에 등장하는 주인공들, 익숙했던 장소나 냄새, 장난감, 그리고 어린 날의 친구들을 추억해 봅니다. 어쩌면 유년 시절을 떠오르게 할 특별한 물건이 방 어딘가에 있을지도 모릅니다. "어린 시절의 모든 물건에는 잘 찾아보면 떠오르는 생각이 있다." 프랑스 철학자이자 저널리스트인 로제-폴 드루아(Roger-Pol Droit)가 한 말이죠. 당신이 발견한 그 물건들 가운데 우리 안의 어린아이를 일깨워줄 물건이 있나요?

"옳은 일에 늦은 때란 없다."라는 속담이 있습니다. 어른의 좁은 세계에 갇혀 있지 말고, 대담하게 마음을 열면 생텍쥐페리가 그린, 코끼리를 먹어치운 보아뱀을 모자로 착각하지 않고 색다른 시선으로 바라볼 수 있습니다. 혼자서는 아무것도 이해하지 못하는 어른들에게 항상 설명하느라 지쳐 버린 어린 왕자는 우리가 눈을 씻고 아이처럼 세상 보기를 바라고 있었던 것인지 모릅니다.

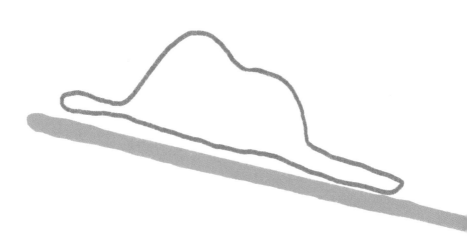

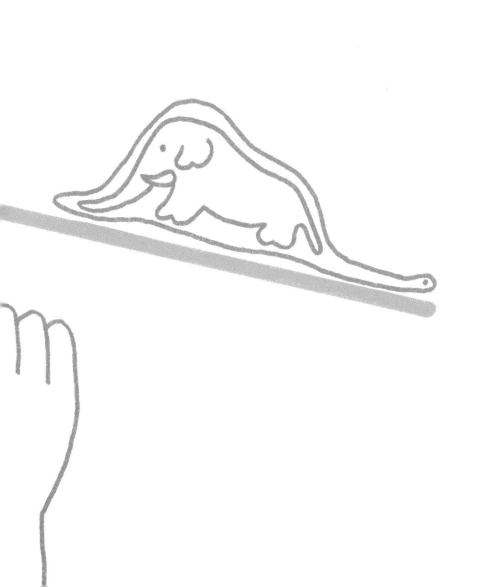

──── 내 안에 씨앗 발견하기, 감탄 ────

아이들은 현실 너머를 봅니다. 모든 것을 관찰하고 모든 것을 듣죠. 그것도 때로는 매우 신중하게 말이죠. 아이들은 무언가를 주시하며 놀랄 수 있고 스스로에게 질문을 던질 수도 있습니다. 아이들은 평범함 속에서 비범함을 찾습니다. 보들레르의 표현을 빌리자면 아이들은 평범함이라는 '중대한 악'을 멀리합니다.

감탄하는 능력은 우리를 먼 별에서 온 이방인이 되도록 도와줍니다. 감탄은 시간을 느리게 흘러가도록 만드는데 때로는 시간이 정지한 듯한 느낌마저 줍니다. 무언가를 주의 깊게 관찰하는 아이를 보세요. 아이는 가만히 쭈그리고 앉은 채 땅바닥에 부리를 콕콕 쪼아대는 작은 새를 지켜보거나 나뭇가지 사이로 뛰어다니는 다람쥐를 오래도록 바라보기도 합니다. "시간은 장기를 두는 아이다." 수세기 전 헤라클레이토스도 아이들에게서 똑같은 느낌을 받았던 게 틀림없습니다.

근래에 하루가 참 알찼다고 느꼈던 날이 있나요? 하던 일을 멈추고 귀를 쫑긋 세운 채 마음을 빼앗겼던 일이 있었나요? 봄철의 새싹이나 웅장한 나무, 나뭇가지 사이에서 모이를 쪼는 찌르레기가 당신의 시선을 온통 가득 채웠을지도 모릅니다. 잠시 일상에서 벗어나 아침 햇

살처럼 영롱한 시선을 던지는 것만으로도 우리는 우리 주변의 모든 것을 변화시킬 힘이 있습니다. 바로 그 순간 우리는 예술가가 됩니다. "예술은 장엄한 아름다움에 도취한 인간의 영혼이 보내는 투영이다." 빅토르 위고라면 어떻게 예술가가 되는지 잘 알고 있을 것 같습니다.

그러나 자극적인 것에 대한 끊임없는 욕망은, 아이들의 놀라움과 구별되어야 합니다. 자극을 추구하는 일은 우리를 위험 속으로 인도합니다. 집중을 분산시키고 혼란을 가중시키며 방심을 불러오죠. 반면 아이들의 놀라움, 아이들의 감탄을 되살리기 위해서는 자극에 대한 집착이 아니라 손짓하지 않는 내 주변에 대한 관심과 참여가 필요합니다. 아이의 마음으로 주위를 둘러볼 때 세계가 달라집니다. 그런 마음일 때 우리는 시간에 구애받지 않고 주변 세계에 마음을 빼앗기며 아이처럼 질문을 던집니다. '너는 누구니? 너는 어디서 왔니? 너는 어쩜 그렇게 아름답니?' 그러는 사이, 어른 눈에는 구리처럼 보이는 그것을, 연금술사처럼 금으로 바꾸며 진리의 세계로 접근하게 됩니다.

"아이들은 어른들에게 무척 너그러워야 해."

_〈어린 왕자〉, 앙투안 드 생텍쥐페리

—— 질문, 진리에 다가서는 방법 ——

아이와 같은 마음이 된다는 것은 보이는 대로 말할 수 있다는 뜻입니다. 벌거벗은 임금님에게 '벌거벗었다'는 사실을 지적한 사람도 아이였죠. '아이들은 진실을 말한다'는 말도 그래서 있는 것 같습니다.

아이다운 질문도 같은 맥락입니다. 이유를 끊임없이 묻는 아이가 때로는 위대한 철학자 소크라테스일지도 모릅니다. 아이는 어른이 답변을 할 때마다 이렇게 반응하고는 하죠. "그렇구나. 그런데 왜요?" 이런 질문은, 사물의 본질에 다가갈 수 있는 재밌는 방식이죠. 예를 들어 자신이 하는 일이 마음에 안 든다며 불평하는 어른이 있습니다. 아이는 이 어른에게 왜 마음에 안 드느냐고 묻습니다. 어른 왈, 자신을 인정해주지 않고 자신의 가치를 몰라보기 때문이라고 대답합니다. 그럼 아이는 또 그 이유를 물을 겁니다. 이제 어른은 난감해집니다. 어른 사이에서는 그게 최종 답변이 될 수 있었고, 동정심과 공감, 격려를 유발하는 내용이 될 수 있었습니다. 그러나 다시금 돌아온 '왜요?'는 어떻게든 어른스런 답변을 하고 싶었던 어른에게 쉼표의 시간을 줍니다. '어떻게 설명해줘야 아이가 이해할까?'라고 생각하던 어른 중에 아주 가끔 '진짜 왜지?'를 떠올리는 사람이 있을 테고, 그러다 문

어린 왕자와 다시 만나다

득 나의 일상적인 불만이 실은 낮은 자존감 때문이 아니었을까 하는 생각에 이르기도 하죠. 아이다운 천진난만한 질문을 무시하지 않고 받아들인 사람은 갑자기 문제의 핵심으로 들어가고, 마음의 병으로부터 구원을 얻게 됩니다. 우리는 왜 그런 질문을 유치하다는 이유로 계속 무시한 채 지루하기 짝이 없는 어른들의 일상을 지속하는 것일까요?

"아이들만이 창문에 코를 납작하게 대고 있지."

_ 〈어린 왕자〉, 앙투안 드 생텍쥐페리

──── 있는 그대로의 너이기를 바라 ────

7세쯤 되면 아이는 분별력이 생깁니다. 이 시기에 지성, 신체 능력, 감정, 사회성 등에서 큰 변화를 겪죠. 심리적으로 오이디푸스 콤플렉스에서 벗어나면서 아빠나 엄마와 결혼하고 싶다는 욕구도 사라집니다. 아이는 자유로워지고 싶어 하고 책임감을 느끼게 됩니다. 이를 위해서 아이들은 상상의 세계를 떠나 논리적 사고와 사회성, 궁극적으로는 비교와 성과가 지배하는 세계로 진입합니다.

누구나 겪게 되는 통과의례입니다. 이 변화의 시기에 아이는 어린 아이의 모습을 지우기 시작하고 어른의 삶을 준비합니다. 선과 악을 구별하면서 도덕의식을 키우죠. 타인과의 원만한 관계를 위해 거짓말하는 법을 배웁니다. 그렇게 본래의 자신을 뒤에 숨겨둔 채 자신이 아닌 다른 사람으로 살아가는 법을 익힙니다. 조용히 어른이 되어갑니다. 이때 부모와 교육자에 따라 아이들은 조금 다른 양상을 보입니다. 아이들이 아이들 그 자체로 존재하는 법을 가르칠 수 있다면 '아이'는 망각의 대상이 아니라 늘 우리와 함께하는 존재가 될 수 있습니다. 아우구스투스가 했던 말 'Amo volo ut sis'는 '사랑이란, 있는 그대로의 너이길 바라는 것'이라는 의미로, 이 과도기를 지나는 모두에게 매우 절실한 한마디 말입니다.

이미 때를 놓치고 어른이 된 우리에게는 무엇이 필요할까요? 자신 안에 살고 있는 아이에게 '나는 네가 남아 있기를 바란다'고 염원할 수 있습니다. 요한 제바스티안 바흐의 〈예수는 인간 소망의 기쁨이시니 (Jesu, joy of man's desiring)〉라는 작품명을 떠올리지 않을 수 없죠(이 음악의 제목은 프랑스어로는 'Jésus, que ma joie demeure'으로 글자 그대로 옮기면 〈예수, 나의 기쁨으로 남아 계신〉이다. – 옮긴이).

아이는 사라지지 않았습니다. 아이를 불러오길 두려워하는 어른이 있을 뿐이죠. 만일 우리가 그때의 기쁨을 다시금 누리려고 한다면 지금 어린 시절의 나에게 말을 걸어야 합니다.

—— 어른이 된 내가, 어린 시절 나에게 ——

어릴 적 나였던 너에게, 먼저 사과하고 싶어. 너는 나라는 존재의 가장 깊은 곳에서 내 본질을 지켜줬는데 나는 몇몇 순간엔 너를 포기해버렸어. 어떻게 너 없이 살 수 있다고 생각했을까? 아마도 심각한 어른이 되고 싶은 마음이 너무 컸나 봐. 자크 브렐(Jacques Brel)도 "어른 같은 건 없어. 그런 척하는 것뿐이야. 우리가 어릴 때 꿨던 꿈을 향해 계속 달리자."라고 말했었지.

용서를 구하는 마음에서 나는 오늘 너에게 더 많은 노력을 쏟으려고 해. 네가 이루고 싶었던 꿈은 무엇이었니? 이제 그 꿈을 이룰 때가 되지 않았을까? 내 귀에, 내 마음속에 이뤄야 할 그 꿈을 속삭여줄래?

너만의 삶을 만든 너의 신중한 자신감과 대담함을 나에게 불어넣어 줘. 지금 나에겐 그게 너무 필요해….

너를 기억하고 너에게 감사하기 위해서 나는 진실하고 용감하게 나 자신을 향한 길을 가겠다고 약속할게. 그리고 부드럽고 감탄 어린 너의 시선으로 세상을 보려고 노력할게. 더는 시간에 쫓기지 않을 거야. 나는 멈춰 서서 아름답고 좋은 것을 보고 모든 감정을 느끼며 자비로운 삶에 감사하려고 해. 내면에서 약동하는 빛을 느끼고 따라갈 수 있도록 도와주겠니? 나는 감성적이고 활기찬 너로 돌아가고 싶어.

내 안에 네가 남아 있기를 바라. 그러면 내 마음은 나 자신으로 충만해질 것 같아. 〈어린 왕자〉에서 철도원이 말하는 잠든 여행객을 닮고 싶지는 않아. 끊임없이 모습을 바꾸는 풍경에 넋이 빠진 채 창문에 코를 납작하게 대고 있는 아이이고 싶어. 나는 반짝이는 별에 감탄하며 시간의 족쇄로부터 벗어나고 싶어. 네가 여전히 내 안에 존재하고 그 때문에 나는 매 순간, 경이로운 찰나에 감탄할 수 있다는 사실을 명심하면서 살 거야.

너의 손을 잡게 해줘. 너를 이끌려는 것이 아니야. 네가 나를 이끌어줘. 네가 원한다면 인생의 황금기에 우리를 기다리고 있을 그 나이를 향해 손을 잡고 함께 가자. 그러면 그 무르익은 마음과 눈빛 속에 우리 둘 다 함께 존재할 거야. 삶의 여정을 거치며 갖게 된 모든 기억들이 우리와 함께 영원히 이어지겠지.

아름다움,
어떻게
찾아야 할까?

마음으로 봐야 해.
중요한 건 눈에 보이지 않아.

_〈어린 왕자〉, 앙투안 드 생텍쥐페리

—— 일상에 눈이 가려 아름다움을 못 본다면 ——

2008년 진 바인가르텐(Gene Weingarten) 워싱턴포스트지 기자는 세계적인 바이올리니스트인 조슈아 벨(Joshua Bell)과 함께 진행한 실험으로 퓰리처상을 받았습니다. 진 바인가르텐 기자는 유명 연주자인 조슈아 벨이 지하철역에서 연주한다면 어떤 일이 벌어질지 궁금했죠. 그의 제안에 따라 조슈아 벨은 2007년 1월 12일 가장 붐비는 오전 시간을 택해 워싱턴에 있는 랑팡 플라자 역으로 갔습니다. 그리고 수백만 달러에 달하는 스트라디바리우스 바이올린을 켜기 시작했습니다. 연주하는 45분 동안 천여 명의 사람들이 조슈아 벨을 지나쳤죠. 발걸음을 멈추고 그의 연주를 들은 사람은 일곱 명뿐이었습니다. 그가 누구인지 알아본 사람은 딱 한 명이었고 앞에 놓인 값비싼 바이올린 케이스에 20달러짜리 지폐를 넣어줬습니다.

조슈아 벨이 그날 번 돈은 20달러짜리 지폐를 포함해 32달러 정도였습니다. 연주가 끝난 후에도 관객의 호응이나 갈채는 없었습니다. 불과 이틀 전 보스턴에서 열린 그의 콘서트는 표가 없어서 발을 동동 구르던 사람들이 많았는데 말이죠. 진 바인가르텐 기자는 퓰리처상을 수상한 뒤 이 실험에 대해 소회를 밝혔습니다. "여느 때처럼 평범한 일상에서 우리는 아름다움을 발견할 수 있을까요? 가던 길을 멈춰 선 채 아름다운 선율을 감상할 수 있을까요? 그런 놀라운 예술적 재능을 예기치 못한 순간에도 알아볼 수 있을까요?"

도스토옙스키의 소설 〈백치〉의 한 대목입니다. 등장인물인 미슈킨 공작이 "아름다움이 세상을 구원할 것"이라고 천명하듯 말하죠. 그런데 진 바인가르텐 기자의 실험을 보고 나니, 우리는 잘못된 길을 걷는 것 같습니다. 그게 아니라면 아름다움이 뭔지 스스로 물어야 하고, 아름다움을 잘 찾을 수 있는 방법을 배워야 합니다.

다시 〈백치〉의 한 장면입니다. "공작님, 언젠가 '아름다움'이 세상을 구원할 거라고 말씀하신 게 사실인가요? 여러분, (중략) 공작님께서 아름다움이 세상을 구원할 거라고 했답니다! 공작님이 그렇게 장난 같은 말을 한 이유는 사랑에 빠졌기 때문이겠죠. (중략) 공작님, 얼굴 붉힐 필요 없어요. 안쓰러워요. 그런데 어떤 아름다움이 세상을 구원할 수 있을까요?" 실제로 사랑에 빠진 사람은 세상이 더욱 아름다워 보입니다. 교류하며 함께 성장하는 좋은 관계처럼 아름다움을 발견하는 일과 사랑이라는 감정이 서로를 자극하며 함께 풍요로워지기 때문 아닐까요?

잠시 하던 일을 멈추고 최근에 아름다움을 발견하고 감동에 젖었던 순간이 있었는지 생각해보세요. 무엇을 보며 그런 감정을 느꼈나요? 새들의 우아한 비행? 자녀를 어루만지는 부모의 부드러운 손길이나 사랑 받는 이의 반짝이는 눈빛? 아니면 아름다운 음악? 베토벤의 〈환희의 송가〉, 비발디의 〈사계〉, 쇼팽의 〈녹턴〉 같은 곡들이 불후의 명곡으로 불리는 이유는 그 아름다움이 시들지 않기 때문입니다. 영국의 시인 존 키츠가 "아름다움은 영원한 기쁨"이라고 말한 것처럼 말이죠. 아름다움은 권태로워지기는커녕 영원한 즐거움을 안겨줍니다. 그래서 아름다운 예술 작품들을 보며 우리는 끊임없이 감탄합니다.

"사막이 아름다운 건, 어딘가에 오아시스가 숨어 있기 때문이야."

_ 〈어린 왕자〉, 앙투안 드 생텍쥐페리

―― 아름다움은 어디에 숨어 있을까? ――

아름다움이란 무엇일까요? 아니, 아름답다는 건 무엇일까요? 이 질문에는 대개 다양하고 주관적인 답변들이 돌아옵니다. 예를 들어 플라톤은 아름다움은 에로스, 즉 사랑과 직결된다고 생각했습니다. 우리는 우리가 사랑하는 것들을 아름답다고 느낍니다. 이 말은 곧 아름다운 것을 사랑하게 된다는 말과 같지 않을까요? 같은 맥락에서 철학자들이 말하는 존재, 일자(一者), 진실, 선과 같은 초월적 주체들처럼 사랑은 아름다움과 서로 자리를 바꿀 수 있습니다. "아름다움이 진실이요, 진실은 곧 아름다움이다. 이것이 우리가 이 땅에서 아는 전부이자 알아야 할 전부다."라는 존 키츠의 문장이 이를 대변해주죠.

생텍쥐페리는 아름다움을 두 가지로 구분했습니다. 아름다움에는 사회의 보편적 기준에 부합하는, 상대적이고 외적인 아름다움과, 내

적이고 마음을 움직이며 지속적인 아름다움이 있다고 말이죠. 그는 또 "신체의 아름다움은 여행자와 같아서 언젠가는 사라지고 말지만 마음의 아름다움은 늘 곁에 있는 친구와 같다."고 말하기도 했죠. 이 '곁에 있는 친구', 즉 내면 깊숙한 곳에서 가장 순수한 부분과 이어져 있는 이 아름다움이 우리의 관심사입니다. 이 아름다움에 대해서 많은 지성인들이 찬사를 보냈습니다. 도스토옙스키는 "아름다움이 더욱 중요하며 (중략) 빵보다 유용하다."고 말했습니다. 플라톤은 〈파이드로스〉에서 아름다움은 "그 자체로 가장 눈부신 빛을 발하고 크나큰 사랑을 불러일으킨다."고 표현했죠.

아름다움은 〈파이드로스〉에서 다루는 주제들 가운데 가장 높은 자리를 차지하고 있습니다. 플라톤의 말처럼 아름다움은 상대적인 개념이 아닌 초월적인 것이기 때문이죠. 아름다움은 무엇보다 영혼을 고양시킵니다. 아름다움에 심취한 자는 경탄어린 눈으로 삶을 바라봅니다. 이 때문에 세상에 태어난 모든 사람에게 아름다움은 곧 선물이자 의무가 됩니다. 기술 문명이 급속도로 발전하고, 인간적인 연결보다 기술적인 연결로 더욱 촘촘해진 세상에서 우리에게 필요한 것은 아름다움의 발견입니다. 아름다움은 어디에서 발견할 수 있을까요? 긍정심리학 분야의 마틴 셀리그만(Martin Seligman) 박사와 크리스토퍼 피

터슨(Christopher Peterson) 박사는 여섯 가지 위대한 미덕을 목록으로 만들고 이를 토대로 스스로 행복을 찾을 수 있는 스물네 가지 방법을 고안했습니다. 이 가운데 6대 미덕의 하나인 초월성과 관련된 게 '아름다움의 발견'인데 두 박사는 이를 이렇게 정의합니다. "자연에서부터 예술, 수학, 과학 그리고 일상에 이르는 삶의 모든 영역에서 아름다움, 탁월함 그리고 재능들에 주목하고 이를 감상하세요."

──── **감각의 방에서 아름다움 찾기** ────

아름다움을 찾기 위해 우리가 첫 번째로 뒤질 곳은 감각의 방입니다.

아름다움의 정의를 찾아보면 가장 먼저 등장하는 표현이 '눈과 귀를 즐겁게 하는 것'입니다. 소위 감각으로 느낄 수 있는 아름다움은 곧 보고 듣는 것이라 할 수 있죠. 아름다움에 대한 모든 고찰에는 시각과 청각이 한 번도 빠짐없이 등장합니다. 반대로 우리는 후각, 미각, 촉각으로 감지하는 세계를 아름답다고 말하는 경우가 결코 없음도 잘

압니다.

우리가 세계를 즉시 감지할 수 있는 것은 감각 중에서도 시각과 청각 덕분입니다. 그 쓰임새는 제쳐두더라도 감각을 통한 감지, 그중에서도 시각을 통한 감지만으로도 우리는 즐거워지죠.

뉘엿뉘엿 저무는 해를 바라보며 마음이 젖어들지 않는 사람이 있을까요? 우리는 세월의 흔적이 뚜렷한 얼굴을 보면서도 똑같이 감동할지도 모릅니다. 인간의 작품이든 자연 혹은 신의 작품이든 우리는 두 눈으로 모든 예술 작품들을 접하고 환하게 미소 짓기도 합니다.

아름다움에 눈을 뜬 사람은 스스로도 좋은 사람이 되고 싶어 합니다. 아름다움은 더 나은 존재를 만들고 유용함을 갖추게 하는 원천인 셈입니다. 〈어린 왕자〉에서 생텍쥐페리는 "아주 멋지지. 그러니까 정말 유용한 거고."라고 쓰기도 했죠. 앞서 언급한 초월적 주체들처럼 '유용하니까 아름답다'고 바꿔 말할 수도 있습니다.

더 나은 삶을 지향하는 것은 어떤가요? 개중에는 어제와 다른 삶을 갈구하는 이들이 많습니다. 그런데 삶을 진짜 바꾸기 위해서는 삶을 드높여야 합니다. 다른 삶이 아닌 나은 삶을 추구할 때 삶이 달라지게 되죠. 생텍쥐페리는 나은 삶으로 한 번 더 우리를 이끕니다. "풍경의 아름다움을 알아보는 사람, 그가 발견한 것은 바로 신이다." 그 순간,

세상의 모든 장엄함이 우리 눈앞에 펼쳐집니다.

이미 태생적, 환경적 조건으로 테두리가 그어진 삶 속에서 어떻게 삶을 드높일 수 있을까요? 생텍쥐페리는 〈전시 조종사〉에서 이렇게 말합니다. "산다는 건 천천히 태어난다는 거야. 완전한 영혼을 빌린다는 건 너무도 쉬운 일이지." 육체적 탄생이 아닌 아름다운 삶의 탄생 순간을 바라보면서 괴테의 염원대로 우리의 삶을 하나의 예술 작품으로 만들어야 합니다. 그러면 우리의 삶이 저절로 유용한 예술 작품이 되지 않을까요?

미켈란젤로는 그의 조각품을 두고, 대리석 안에 갇혀 있던 사람을 자유롭게 꺼내줬을 뿐이라고 말한 적이 있습니다. 인간도 마찬가지죠. 투박해 보이는 삶을 끊고 갈고 쪼고 닦으면 아름다움은 절로 드러나게 됩니다.

아름다움을 감지하는 힘은 시각뿐 아니라 청각에도 있습니다. 좋은 예가 있습니다. 음악입니다. 한 곡의 음악이 소름 끼칠 만큼 아름다워 마음이 허물어진 적이 있을 것 같습니다. 그때 우리는 종종 카타르시스를 느끼게 되죠. 플라톤은 이 카타르시스가 인간을 무지로부터 자유롭게 만드는 힘이 있다고 말했습니다. 카타르시스는 단지 감정의 배설 자체를 의미하는 게 아니라 한 치 앞도 못 보는 인간의 운명을 한 걸음 떨어져서 바라볼 때 느끼는 관조적 감정을 의미합니다. 세계와 나의 관계에 어떤 변화가 생겼고, 그 때문에 흘리는 눈물이 카타르시스죠. 카타르시스는 이처럼 정화를 통해 영혼을 고양시킵니다. 줄리오 카치니(Giulio Caccini)가 부른 〈아베 마리아〉나 앤드류 로이드 웨버(Andrew Lloyd Webber)의 〈자비로운 예수님〉과 같이 어떤 음악에 흠뻑 빠져 있다면 카타르시스가 무언지 쉽게 이해할 수 있습니다.

청각을 통한 아름다움의 경험은, 심지어 우리를 일깨우기도 전에, 반목과 갈등, 고립으로부터 우리를 해방시키는 경향이 있습니다. 이러한 경험은 상처 입은 영혼을 서서히 치유합니다. "삶을 춤추게 하려면 자신 안에 위대한 음악이 필요하다."는 니체의 말도 이런 의미겠죠.

음악이 아닌 몇 마디 말에서도 청각적 아름다움을 느낄 수 있습니다. 사랑하는 사람이나 어릴 때부터 자신을 혼내기만 했던 아버지가 "너를 사랑한단다."라고 말하거나 자신을 모욕하던 이가 "용서해주세요."라고 말하는 것처럼 진심어린 말은 마음을 뜨겁게 달아오르도록 만듭니다. 말이란 내면의 생각을 밖으로 끄집어내는 행위입니다. 말하는 사람이 명석할수록 그의 말도 훌륭해집니다. 그래서 우리에게 영감을 주는 사람들이 남긴 뜻 깊은 말에 우리는 전율하는 것이죠.

말을 받아 적은 글도 아름다움을 느끼게 하는 원동력이 됩니다. 문학이 아름다움의 원천인 이유입니다. 감동적인 시나 현실을 잊게 만드는 소설, 교훈적인 수필을 읽으면서 우리는 감각으로 느낄 수 있는 아름다움과 마주하게 됩니다.

그리고 여기서 1미터만 더 나아가 보면 우리 마음의 변화를 스스로 눈치 챌 수 있게 되죠. 그런데 이때 우리의 마음을 눈치 채는 것은 무엇일까요? 마음을 바라보는 눈이 있다면 아마도 그것이 영혼의 눈일 것입니다. 단지 보이는 것에 머물지 않고, 보이지 않는 마음까지 볼 수 있는 것, 단지 들리는 것에 머물지 않고, 들리지 않는 마음까지 듣는 것. 영혼의 눈과 귀는 감각에 머물지 않고 우리를 한층 높은 수준으로 인도합니다. 우리를 고양시키고 인지적으로 성장시킬 수 있도록 말이죠. 어린 왕자가 중요한 것은 눈에 보이지 않는다고 했던 말이 떠오르네요.

'오스카 와일드' 하면 생각나는 영국 속담이 있습니다. "아름다움이란 보는 사람의 눈에 달려 있다." 아름다움은 눈에 있는 게 아니라는 얘기입니다. 아름다움과 사랑은 동전의 양면이므로 사랑이 마음에 있다면 아름다움 역시 마음에 존재하지 않을까요? 〈백치〉에서 미슈킨 공작이 말했던 구원적 아름다움은 사랑이 그 기원인 동시에 사랑이라는 고결한 감정을 만드는 원동력이 됩니다.

인간은 자신과 닮은 사람, 자신과 통하는 사람에 끌린다는 것을 이미 알고 있을 겁니다. 우리가 본능적으로 아름다움에 끌린다면 이는 우리가 아름다움을 위해 만들어졌고 그 안에서 우리 자신을 인식하고 아름다움 덕분에 우리 자신에게 눈을 떴기 때문입니다.

"안다는 건, 분석하는 것도 설명하는 것도 아니다.

보이는 것에 다가가는 것이다."

_ 〈전시 조종사〉, 앙투안 드 생텍쥐페리

—— 도덕의 방에서 아름다움 찾기 ——

한 청년이 길을 가다 어느 노인과 마주쳤습니다. 청년은 혹시 자신을 기억하는지 물었죠. 노인은 그를 알아보지 못했습니다. 청년은 오래 전 노인의 제자였고 노인 덕분에 지금은 교수가 됐다고 말했습니다. 노인은 사정이 궁금했습니다.

청년은 학창 시절 이야기를 꺼냈습니다. 그날 청년은 같은 반 친구가 갖고 있던 새 시계를 훔쳤습니다. 그 친구는 선생님에게 도둑을 찾아달라고 말했죠. 선생님은 시계를 훔쳐간 학생이 자진해서 용서를 구하길 바랐지만 누구도 감히 자신이 도둑이라고 말하지 못했습니다. 그러자 선생님은 모든 학생을 일어나게 한 후 절대 눈을 뜨지 말라고 당부하며 학생들의 주머니를 뒤졌습니다. 그렇게 시계를 찾았고 선생님은 학생들에게 말했습니다. "시계를 찾았으니 이제 눈을 떠도 좋다."

"그날 선생님은 제가 도둑이라는 걸 친구들에게 말씀하지 않으셨어요. 제 자존심을 지켜주셨어요. 어떤 훈계도 하지 않으셨지만 저는 무슨 말씀을 하고 싶으신지 분명히 알 수 있었어요."라고 청년이 덧붙였습니다. 노인이 여전히 청년을 이상하다는 듯이 쳐다보자 청년은 이 사건을 기억하는지 되물었습니다. 노인의 대답은 이러했습니다.

"그 일은 기억이 나는구나. 나는 모든 학생의 주머니를 뒤져서 없어진 시계를 찾았지. 하지만 너를 기억하진 못해. 왜냐하면 나도 그때 눈을 감고 있었거든."

우리는 여기서 두 번째 아름다움인 도덕적인 아름다움을 발견할 수 있습니다. 대부분 정의나 호의에서 비롯된 도덕적인 아름다움은 느낌이나 감정으로 표현될 뿐 아니라 어떤 행동으로 나타나기도 합니다. "우리는 말과 혀로만 사랑하지 말고, 행함과 진실함으로 사랑하자." 는 성 요한의 말씀(요한일서 3장 18절)도 있죠. 우리는 사랑으로 타인을 그리고 나의 친구들을 보호합니다. 사랑에서 촉발된 행동은 영혼을 감동시키는 힘이 있죠.

도덕적인 아름다움에 감동했던 순간을 떠올려보세요. 헌신하는 사람이 있습니다. 남을 돕기 위해 소중한 시간을 바쳐 약자를 보호하거나 착한 행동을 하는 사람이 있습니다. 이들을 보면 절로 감탄이 터집니다. 자신을 바치는 영웅적인 행동이나 사심 없는 선의처럼 아름다움이 착함과 하나가 될 때 우리는 감동하게 되죠. 더구나 도덕적인 아름다움은 우리 정신을 고양시켜 우리 역시 착한 마음을 품도록 합니다.

이처럼 사람은 미담을 접하는 순간, 에이브러햄 매슬로가 정의한 '절정 경험'을 겪게 됩니다. 살아 있다고 느끼게 되는 놀랍고 경이로운 순간이죠.

도덕을 주제로 다양한 연구를 진행해온 미국의 심리학자이자 윤리학 교수인 조너선 데이비드 하이트(Jonathan David Haidt)는 이러한 유형의 경험들을 '도취된 순간'이라고 명명합니다. 이런 경험을 통해 우

          어린 왕자와 다시 만나다

리는 가슴에서 온기를 느끼고 타인을 돕고자 하는 마음이 커지며 주변의 모든 사람과 연결되고 싶은 욕구가 강렬해집니다. 도덕과 신체 변화의 관계를 과학적으로 연구한 사람들도 있습니다. 이 연구에 따르면 선행과 도덕적인 아름다움이 도움을 받는 사람뿐 아니라 선행을 베푸는 사람, 심지어 이를 목격한 사람의 면역력을 향상시킨다는 연구 결과도 있습니다.

다른 사례에서도 정의에 대한 도덕적인 아름다움을 발견할 수 있습니다. 바로 아이들입니다. 정의감은 어릴 때부터 발달하기 시작합니다. 가령 아이들은 형제와 무언가를 나눠가질 때 골고루 똑같이 나누었는지 확인합니다. 이런 과정은 공평해야 하기 때문에 내 수중의 몫만 따지지 않고 나눈 사람 모두의 몫을 살펴서 정의의 실현 여부를 가능합니다.

─── 지성의 방에서 아름다움 찾기 ───

두 번째 도덕적 아름다움이 과정이나 동기와 연관된 아름다움이라면, 결과와 관련된 아름다움도 있겠죠? 세 번째로 살필 것은 결과와 연관된 지성적인 아름다움입니다. 플라톤은 감각으로 느낄 수 있는 아름다움과는 반대로 지성적인 아름다움은 오감이 아닌 지성으로만 지각할 수 있다고 생각했습니다.

지성적인 아름다움의 좋은 예가 있습니다. 수학이라는 순수한 아름다움과, 과학자나 발명가들이 찾아낸 위대한 발견들이 있습니다. 아인슈타인의 상대성 이론, 케플러의 달의 상과 조수의 차 그리고 빌 게이츠의 마이크로컴퓨터 등 많은 것들이 대표적인 예입니다. 이 발견들은 때로는 우리의 한계치를 넘어서도록 만들고, 세상 모든 것을 바꿔놓습니다. 우리는 그들의 지성에 놀라고 또 이런 인물들의 등장에 경탄하죠.

아인슈타인은 "창의력은 지성에 즐거움이 더해졌을 때 발휘된다."라고 말했습니다. 여러분은 낡은 것과 새로운 것의 차이에서 어떤 아름다움을 발견한 적이 있지 않나요? 최소한 사람은 사회의 진화, 즉 어제보다 나은 내일을 만드는 모든 것에 감탄합니다.

타인의 말을 이해했을 때 종종 쓰는 말이 있습니다. "Je vois(원래는 '보다'라는 뜻이나 '알았다.'라는 의미로 쓰인다. 영어의 'I see.'와 같다. – 옮긴이)." 원래는 안 보이던 것이 지금은 보인다는 뜻이죠. 마찬가지로 지성적인 아름다움은 처음에는 보이지 않던 세계에 하나의 아이디어를 더하여 시야를 넓히도록 만드는 것이라고 정의할 수 있습니다. 토마도 이렇게 말한 바 있죠. "지성의 속성은 감춰진 것을 드러내고 하얀 눈처럼 뚜렷하게 보게 하는 것이다."

"눈 속에서 일 년에 한 번 피는 희귀한 꽃처럼
경탄할 만한 일을 경험하는 것은 중요하니까."

_ 〈성채〉, 앙투안 드 생텍쥐페리

—— 영성의 방에서 아름다움 찾기 ——

'중요한 건 눈에 보이지 않아'라는 어린 왕자의 말에 가장 부합하는 아름다움이 있습니다. 네 번째 아름다움인 영성적인 아름다움입니다. 영성적인 아름다움의 발견은, 내면에 자리한 초월적 존재(혹은 신)에 대한 갈망을 키우는 일에서 시작됩니다. 알베르 카뮈는 〈시지프의 신화〉에서 "인간의 가장 깊은 내면에서 울리는 명료에 대한 강렬한 욕망"을 영성적인 아름다움과 겹쳐놓습니다. 사람이 한 개인을 넘어선 더 큰 사랑과 빛을 향해 걸어가는 것은 영락없이 아름답고 감동을 주죠.

블레즈 파스칼은 〈팡세〉에서 이렇게 썼습니다. "네가 나의 존재를 눈치 채지 못했더라면 나를 찾으려고 하지도 않았을 것이다." 인간이 초월적 존재에 대해 느끼는 이러한 갈증의 정체는 무엇일까요? 탄생 이전에 경험했던 숭고함을 다시금 떠올리는 일종의 회상일까요? 출생 전에 어떤 근원적 존재와 연결되어 있다가 출생과 함께 깊은 망각에 빠져 살아가는 중에 그 무한한 위대함의 흔적을 불현듯 감지하고 초월적 존재의 형상을 떠올린 것인지도 모릅니다.

하지만 많은 사람이 종종 그 목표를 잃어버리곤 합니다. '죄'를 뜻하는 라틴어 'peccatum'이나 히브리어 'hattath'는 모두 '목표를 놓치다'라는 뜻이죠. 그래서 궁극적인 목표가 하나님이라고 여기는 기독교인들에게 죄란 곧 하나님으로부터 멀어지는 것을 의미하죠.

소비가 중심이 되는 사회에서는, 신에 대한 갈망이 명예욕과 물욕을 넘어서지 못한다면 '목표들을 놓치게 될 것'입니다. 물질적 현실 앞에서 발걸음을 멈추는 것은 곧 영혼을 등지는 길이자 소위 영성적인 아름다움과 멀어지는 길이죠. 영성만이 그 초월적 존재에 대한 본능적 욕망을 채워줄 수 있기 때문입니다.

기독교 교리에 따르면 아름다움은 그 자체로 하나님의 또 다른 이름입니다. 신현(神現, Theophany, 신의 현현을 의미하는 말로 신이 모습을 드러내는 일 – 옮긴이)의 아름다움, 즉 프랑수아 가라뇽(François Garagnon)이 그의 책 〈사물의 외양 뒤에서 아름다움을 좇은 인간(L'homme qui cherchait la beauté derrière l'apparence des choses)〉에서 인상적으로 표현한 것처럼 "사물 너머에서 신을 떠올리는 것"이라고 말할 수도 있죠. 아름다움은 초월적인 무언가를 가지고 있습니다. 우리에게 무한한 감정을 불러일으켜 우리를 유한성의 한계로부터 벗어나도록 돕습니다.

불교에서는 욕심 없는 자의 특징 중 하나로 매사에 아름다움을 지각하는 능력을 꼽습니다. 이를 위해서는 욕망을 자극하는 성적 매력을 넘어 높은 경지에 도달하는 것이 중요하죠. 불교인들은 영성적인 아름다움을 추구하면 번민을 잠재우고 무소유의 삶을 영위할 수 있다고 말합니다.

프란체스코 교황은 다른 종교 지도자들에게 "신에 대한 갈증을 완전히 해소시키지 말아 달라."고 요청했습니다. 교황에게는 '현시대에 존재하는 가장 위험한 덫'은 생산과 소비에 사로잡힌 개개인의 마음으로, 그 틈바구니를 비집고 여전히 '신에 대한 갈증'이 사람들에게 남아 있기를 바라는 것이죠. 그 갈증만이 영성적 아름다움에 눈을 뜨게 만들고, 타인에 대한 연민을 갖도록 도와줍니다.

우리는 살면서 마음이 심하게 부서지는 순간을 겪게 됩니다. 이를 어떻게 복원할 수 있을까요? 킨츠기라고 불리는 일본의 복원 기술이 있습니다. 부서진 도자기 조각을 금가루처럼 비싼 재료로 다시 이어 붙이는 기술이죠. 마찬가지로 부서진 마음 조각에 무엇을 섞어서 이어 붙여야 할까요? 마음을 복원하는 킨츠기 기술의 재료는, 마음보다 더욱 비싼 영성의 아름다움입니다. 그리고 그 아름다움과 늘 함께하는 사랑입니다. 초월적 존재의 아름다움을 발견한 자는 그 마음에 사랑도 함께 피어남을 느낍니다.

오를레앙의 노트르담 성당 자선의 집의 제르맹 그르농(Germain Grenon) 신부는 어느 날 이렇게 말했습니다. "사람들이 모두 열렬히 그리고 맹목적으로 사랑을 받는다고 느끼는 세상을 상상해보십시오. 그들은 어떻게 행동할까요? 어떻게 일상을 살아갈까요? 많은 변화가 있지 않을까요?"

우리 내면에 숨어 있는 아름다움을 자각하는 것은 곧 삶의 균열을 메우고 사랑의 빛을 키우는 일입니다. 이를 위해서 우리는 속도를 늦추고 멈춰 서야 하죠. 아름다움을 느끼고 감탄할 수 있게 말입니다.

이제 우리를 감동시키는 초월적 존재의 아름다움을 바라보세요. 보이는 것 너머를 바라볼 때 그 아름다움을 발견할 수 있습니다. 그리고 우리도 만들어진 존재로서 그 아름다움에 속해 있다는 점을 잊지 마세요. 어렵고 힘든 순간에도 우리 안과 밖에 존재하는, 신의 창조물 중 하나인 영성적인 아름다움을 존경해야 합니다.

사랑으로 만들고 재창조되는 것 외에는 딱히 증명할 것도, 해야 할 일도 없습니다. 균열은 사랑으로만 채워질 수 있습니다. 이것이 세상에서 가장 놀라운 아름다움이 아닐까요?

아름다움을 찾으세요, 그러면 사랑을 발견하게 됩니다.

살아야겠다는

마음은

어떻게 일어날까?

> 그들이 찾는 것은 사물의 의미가 아니다.
> 사물의 의미는, 찾는 것이 아닌 창조하는 것이기 때문이다.
>
> _〈성채〉, 앙투안 드 생텍쥐페리

프랑스의 유명 작가인 샤를 페기(Charles Péguy)가 사르트르의 성지 순례 길을 걷던 중이었습니다. 한 남자가 길가에서 돌을 깨고 있었습니다. 그는 매우 지쳐 보였습니다. 샤를 페기는 호기심이 발동하여 무엇을 하느냐고 물었죠. 가련한 남자는 갈라진 음색으로 이렇게 대답했습니다. "보시다시피 돌을 깬다오. 돌이 너무 단단해서 등이 아프고 목도 마르고 배도 고프네요. 쓸모없는 일이지. 나는 미천한 인간이라오."

샤를 페기는 다시 길을 나섰습니다. 얼마 걷지 않아 돌을 깨고 있는 또 다른 사람을 만났죠. 처음 만났던 남자만큼 힘들어 보이지는 않았습니다. 그에게도 같은 질문을 던졌습니다. 그 남자는 힘찬 목소리로 이렇게 답했습니다. "그야 돈을 벌고 있죠, 돌을 깨서요. 가족을 먹여 살려야 하는데 다른 직업은 구할 수가 없었어요. 이 일을 찾게 되어서 기쁩니다."

샤를 페기는 돌을 깨는 세 번째 남자를 만났습니다. 그는 계속 미소를 짓고 있었습니다. 그 모습이 신기했던 샤를 페기는 그에게도 무엇을 하고 있느냐고 물었습니다. 그러자 이런 답변이 돌아왔습니다.

"선생님, 저는 지금 성당을 짓고 있습니다."

돌을 깨는 3명의 남자 이야기는 우리 삶을 압축적으로 보여주는 일화입니다. 사람살이의 모습은 대개가 비슷하지만 그 삶을 영위하는 사람의 마음풍경은 제각각이죠.

우리는 어떤 사람으로 살고 있는 것일까요? 고단하고 무기력한 관객일까요, 아니면 각자에게 주어진 삶에 열광하며 매일매일 땅을 일구며 돌담을 쌓고 있는 주인공일까요? 삶의 의미는 인간에겐 여전히 의문으로 남아 있습니다. 삶에 의미가 존재할까요? 그렇다면 그 의미는 무엇일까요?

어린 왕자와 다시 만나다

─── **돌과 성당 사이** ───

첫머리에 인용한 생텍쥐페리의 문구를 다시 살펴보면 삶에 의미를 부여하는 가장 좋은 방법은 의미를 만드는 것입니다. 단순히 '으쌰 으쌰 힘을 내야지' 하고 스스로를 북돋는 것은 문제의 해결책이 아닙니다. 물론 그런 식으로 매일매일 버티는 원동력을 끌어 모을 수는 있겠지만 삶이 늘 제자리를 맴돌고 있기 때문에 일상이 허무감으로 뒤덮일 수 있습니다. 중요한 것은 스스로 삶이라는 작품의 작가가 되어 나만의 성당을 짓는 일입니다. 어제는 돌에 불과했지만 내일은 성당이 되겠다는 의지가 더 중요하죠. 생텍쥐페리 역시 성장에 대한 의지를 강조합니다. 그는 우리가 건설해야 할 인간 공동체를 '정신적 성당'이라고 명명하기도 했습니다.

지금 우리가 서 있는 자리는 돌과 성당 사이입니다. 지금 손에 들고 있는 건 돌에 불과하지만 어떤 사람들은 그 돌에서 성당을 상상합니다. 로베르토 베니니 감독의 영화 〈인생은 아름다워〉에서 주인공 귀도는 아들과 함께 수용소에 갇힙니다. 귀도는 아들이 무서워하지 않도록 수용소 생활이 단체 게임일 뿐이고, 이 게임에서 이기는 사람에게 선물로 탱크를 준다고 거짓말을 하죠. 귀도는 수용소라는 돌 속에

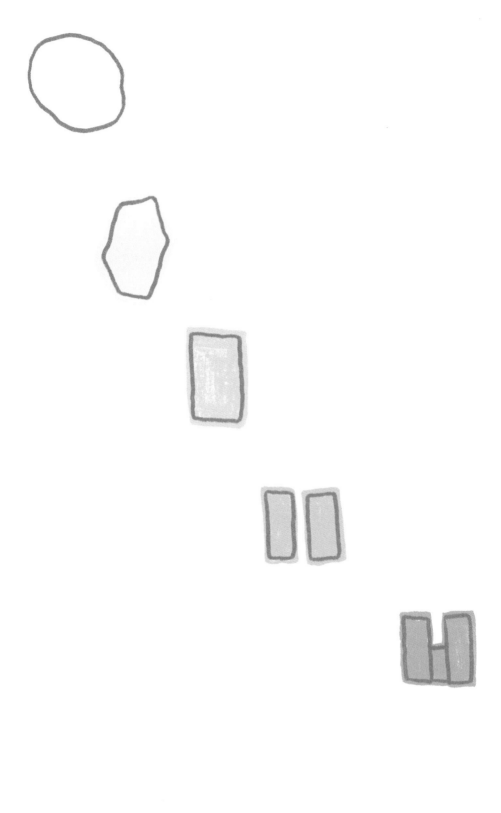

서 희망과 행복이라는 성당을 바라보고 있습니다. 영화가 이어지는 내내 우리는 행복과 고통, 승리와 패배, 어둠과 빛, 사랑을 주는 것과 받는 것이 한데 뒤섞인 장면을 보게 됩니다. 그건 마치 돌과 성당 사이에서 갈팡질팡하는 우리 삶처럼 모순적인 것으로 가득하죠.

성당은 헛된 꿈이요, 내 손에는 돌만 만져질 뿐이라며 상상력을 거부하는 삶도 분명 있습니다. 그들의 삶에는 절망과 슬픔만 있습니다. 반대로 돌을 가공하여 뭔가를 만들어가려는 삶도 있죠. 그들 눈에도 아직 성당은 꿈일 뿐이지만 그들은 무기력하지 않습니다. 보이는 것 너머로 자신을 끌고 갑니다. 그래서 그들 삶에는 절망과 희망, 슬픔과 기쁨이 공존합니다.

"그들을 강인한 삶으로 밀어붙여야 한다.

그래야 고통과 기쁨이 함께하는 삶을 살 수 있다.

중요한 것은 그것뿐이다."

_ 〈야간 비행〉, 앙투안 드 생텍쥐페리

어린 왕자와 다시 만나다

——— 초라함 밖으로 존재를 던지기 위해 ———

    돌무더기로 가득한 이 세상에서 벗어나 성당으로 향한 모험을 떠나기 위해서는 열정을 일깨우는 것만큼 중요한 일도 없습니다. "열정 없이는 세상에 어떤 위대한 일도 이루어지지 않는다."는 철학자 헤겔의 말처럼 말이죠.

    열정을 일깨우는 방법은 몇 가지가 있습니다. 활력도 열정의 부활에 일조하는 요소입니다. 신체에 활기가 넘치는 자는 죽고자 하는 마음보다 살고자 하는 마음 쪽으로 저울추를 옮겨놓으려고 하죠.

    사랑도 열정을 부르는 중요한 원동력입니다. 사람은 타인으로부터 인정을 받을 때 당당해집니다. 이 때문에 사랑받고 싶다는 마음은 삶에 대한 의지를 드높이는 훌륭한 동력이 됩니다.

    한 차원 높은 이상을 추구하는 것도 열정을 일깨우는 좋은 방법입니다. 르네 젤러는 생텍쥐페리의 중심 사상에 대해 이렇게 말했습니다. "더 나은 삶을 위한 동기가 없다면 무엇도, 누구도 존재할 필요가 없다."

    더 나은 자신이 되기 위해서는 초라함 밖으로 존재를 던져버려야한다고 생텍쥐페리는 말했습니다. 초라함 밖으로 던져진 존재는 어떤 존재일까요? 여기서 생텍쥐페리는 한 걸음 더 나아갑니다. "창조자나 작가는 자고로 무언가를 만들어 내거나 보여주는 사람이 아닌, 무언가가 되도록 만드는 사람"이라고 〈성채〉의 작가는 말했습니다. 어제의 초라함을 뛰어넘어 멀리 도달한 자는, 나 한 사람의 성장에 머무르지 않고 선구자와 예술가처럼 타인에게 영감을 주는 존재가 됩니다.

지금의 겉모습은 중요치 않습니다. 내게는 돌밖에 없으며, 나는 지금 너무 초라하다는 느낌, 도리어 '초라함 밖으로 존재를 던지기 위해' 필수적인 요소일 수 있습니다. 헤겔의 유명한 이론 '주인과 노예의 변증법'이 이를 잘 보여줍니다. 노예는 주인에게 딸린 신세여서 시키는 일을 할 뿐이지만 그 노동을 통해서 능력을 키우며 동시에 능력에 대한 확신과 자신감을 얻습니다. 그렇게 그는 무언가를 달성하고 그의 노동이 만든 산물에 근거하여 자유를 요구하는 순간에 이르게 됩니다. 반면 주인은 뒷짐 지고 업무를 지시하는 사이, 실현 능력도 없는 무기력한 사람으로 전락하게 되죠.

사람은 마음속에 간직한 무한한 고귀함을 키워나가는 존재입니다. 대개 그 출발점은 자각된 초라함입니다. 그리고 우리는 오늘도 초라함과 고귀함 사이에서 갈팡질팡하며 하루를 보내고 있는 것인지도 모릅니다.

어린 왕자와 다시 만나다

"중요한 것은 사물이 아니라, 사물의 의미다."

_ 〈성채〉, 앙투안 드 생텍쥐페리

—— 나는 돌일 뿐이야, 함정에서 벗어나기 ——

지각(perception)이라는 말은 '감각을 통해 알다'라는 의미의 'percipere'와 '받는 행위'를 뜻하는 'perceptio'에 그 어원을 두고 있습니다. 감각을 통해 지각한다는 말은 우리가 사물을 있는 그대로 볼 수 있게 되고, 나아가 그 이상까지도 보게 된다는 뜻입니다. 그 이상을 보는 것, 그것을 우리는 '상상'이라고 말하죠.

상상이란 사물 안에 숨겨진 존재를 드러내는 것입니다. 마치 우리 선조가 지평선 너머의 거인 왕국을 생각하고, 별 너머 신들의 존재를 떠올리며, 바다의 심연 너머 수중왕국을 착안한 것처럼 말이죠. 상상은 직감의 문을 열어 우리 눈앞에 나타난 물체를 더욱 민감하게 감지하도록 합니다. 그렇게 우리는 눈과 상상의 협력을 통해 사물의 본질로 나아가며, 그런 여정에서 답을 얻게 됩니다.

방해물이 있습니다. 우리의 지각은 우리가 가진 필터에 영향을 받습니다. 유독 더 부정적으로 보이는 게 있습니다. 유독 더 긍정적으로 보이는 게 있습니다. 그게 바로 필터의 영향이죠. 필터는 사물의 본질이 아니라 우리가 보고 싶은 것만 보게 만듭니다. 이를 피하려면 이 감정이 필터에 의해 걸러진 것인지 아닌지 명확하게 분별해야 합니다. 이런 분별 과정을 거치며 우리는 더욱 성장하고 더욱 강해지며 삶에 자신감을 갖게 되죠.

가령 여러분이 일자리를 잃었다고 가정해봅시다. 실직의 직격탄을 받는 사람은 바로 여러분입니다. 그런데 잠시 거리를 두고 '실직'의 의미를 생각해 보면 때때로 다른 결과로 인식됩니다.

- 더욱 관심 있는 일자리가 기다리고 있을지 모른다. 익숙해진 회사에서 나와야 이런 일자리를 차지할 수 있다.
- 앞으로 입사할 회사에서 놀라운 경험을 할 수도 있다.
- 나를 해고한 회사가 추문에 휩싸일지 모른다. 더 이상 직원이 아니므로 골칫거리가 없다.

상상과 가능성은 무한하므로 얼마든지 다른 의미도 찾을 수 있습니

어린 왕자와 다시 만나다

다. 무엇보다 처음 든 생각에서 벗어나기 위해 잠시 쉼표를 찍는 게 중요합니다. 실직에 이어 안 좋은 일이 한꺼번에 닥치더라도 그럴수록 더 멀리, 더 깊게 바라보기 위해 시간이 필요합니다. 비록 당장은 걱정과 염려로 스트레스가 커지더라도 말입니다.

인생은 좋은 실과 나쁜 실이 교차하며 만들어가는 옷입니다. 한 코 한 코 뜰 때마다 의미를 찾고 이를 통해 성장하고 성숙해지며 고결해지는 것은 오로지 우리의 몫입니다. 내일의 내 모습을 만드는 건 지금의 나입니다. "어떤 의미에서 우리는 우리 자신의 부모다." 니사의 성 그레고리우스의 말입니다.

습관적 사고나 선입견, 아무 이유 없는 두려움 때문에 우리는 삶에서 벌어지는 크고 작은 사건을 경계하는 마음으로 바라보게 됩니다. 삶이 위축되고 꼬이기 시작하죠. 오히려 아는 것도 배운 것도 없는 초심자의 마음으로 내게 벌어진 사건을 받아들이는 게 중요합니다. 의미를 추구하는 일은 쉽지 않습니다. 자아로 똘똘 뭉친 사람, 인생이 이미 끝난 것처럼 생각하는 사람, 사는 게 뭐 새로운 게 있겠느냐며 다 살아본 사람처럼 말하는 사람들에게는 의미의 발견, 의미의 창출, 의미의 추구는 불가능한 일이 됩니다.

삶은 한 편의 소설과 같습니다. 우리의 이야기에는 우리를 이끄는 아리아드네의 실이 있죠. 그 실은 기쁨 속에서도 괴로움 속에서도 앞으로 나아가도록 돕습니다. 이 이야기의 결말은 가르침으로 풍만합니다. 우리라는 주인공이 위대한 가르침을 배우며 승리할 가능성이 다분하기 때문입니다.

"우리는 영원하기를 바라는 것이 아니다.

갑자기 행동이나 사물이 의미를 잃는 것을 보고 싶지 않은 것이다.

공허함이 우리를 둘러싸지 않도록…"

_ 〈야간 비행〉, 앙투안 드 생텍쥐페리

─── 감고 있던 두 눈을 뜨고 삶을 바라보기 ───

모든 사람은 저마다의 재능과 능력, 적성을 타고났습니다. 그 덕분에 살아가면서 자신의 잠재력을 발휘할 수 있죠. 이는 모두가 이미 가진 것, 즉 부여받은 것을 활용해야 할 의무가 있다는 뜻입니다. 그래서 자신만의 길을 찾는 것이 중요합니다. 텔포이 신전 벽에 소크라테스의 명언이 적혀 있습니다. "너 자신을 알라. 그러면 세계를, 신을 알게 될 것이다." 우리의 삶이 열매를 맺으려면 근본으로 삼아야 할 이야깁니다.

성경의 에피소드(마태복음 25장 14~30절)도 타고난 그 재능을 그냥 두지 말라고 말합니다. 어느 날 주인이 종들에게 돈을 나눠줬습니다. 첫 번째 종에게는 5달란트를, 두 번째 종에게는 2달란트를 그리고 세 번째 종에게는 1달란트를 나눠줬죠. 그런데 처음 두 종은 받은 달란트로 이익을 남겼지만 세 번째 종은 받은 금액이 너무 적다고 생각했고 그마저 잃지 않기 위해 돈을 숨기기로 합니다. 그 후 어떻게 됐을까요? 주인은 세 번째 종에게서 준 돈을 도로 빼앗고 가장 큰 이익을 남긴 종에게 몰아줍니다.

이 일화에 대해 다양한 해석이 있겠지만 우리는 이렇게 해석해보죠. 스스로의 능력을 낭비하지 말아야 할 뿐 아니라 그 능력으로 삶을 꽃피워야 한다고 말입니다. 어린 왕자를 만난 왕도 이렇게 말합니다. "누구에게든 각자가 할 수 있는 것을 요구해야 한다." 우리에게는 어떤 식이든 힘이 있습니다.

더 나은 세상을 위해 봉사하고 기여하며 일하는 것은 우리 존재를 의미 있게 만듭니다. 우리 자신, 타인 그리고 삶을 위해 더 나은 방향으로 나아가는 것은 그 자체로 의미 있고 이 세상에서 우리가 있어야 할 자리를 확인시켜주죠. 생텍쥐페리는 우리에게 "사물의 의미는 사물에 있는 것이 아니라 방식에 있다."라고 말했죠.

삶은 꽃잎처럼 연약합니다. 그래서 더욱 존엄하고 소중합니다. 안타깝게도 우리는 빠르게 흘러가는 세월과 삶에 대한 의무를 잊은 채 기계적으로 돌아가는 세상을 따라 쳇바퀴를 돌리고 있습니다. 어떤 이는 이렇게 말하죠, 나는 비록 행복하지는 않지만 안정적인 삶을 누리고 있다고. 사람은 불행에도 익숙해질 수 있는 존재입니다. 피해자나 노예처럼 사는 게 편할 때도 있습니다. 자신은 무능력하다고 치부하고 바람 부는 대로 허리를 굽힙니다. 삶의 고통, 어려움, 난관에 길들여지며 둔감하게 살아갑니다. 그렇게 우리는 자신이 얼마나 위대한 존재인지, 얼마나 뛰어난 능력을 가지고 있는지 잊은 채 살아갑니다.

그러나 어떤 이들은 무감각 상태의 안정감 대신 깨어 있는 불안정을 택합니다. 설령 참기 힘든 어려움일지라도 심리적으로 회피하지 않고 위기를 위기 자체로 두고 바라봅니다. 마치 몹시 아프거나 죽음을 가까스로 모면한 사람들이 문제를 해결하는 방식처럼 말이죠. 이들은 죽음이 코앞에 다가온다고 느끼면 갑자기 시간의 촉박함을 느끼고 그동안 누리지 못했던 인생의 경험을 만끽하기 위해 삶의 모든 걸

어린 왕자와 다시 만나다

바꿉니다. 그럴 때 가슴은 뜨겁게 타오릅니다.

폴 고갱은 1897년부터 1898년까지 타히티 섬에서 〈우리는 어디에서 왔는가, 우리는 누구인가, 우리는 어디로 가는가〉라는 대작을 완성했습니다. 이미 제목만으로도 음미할 가치가 있는 이 작품은 우리에게 삶의 의미에 대한 질문을 던집니다. 그 질문은 내 삶의 기원을 묻는 것이자 내 삶의 마지막을 묻는 것입니다. 그리고 지금 내가 무엇이어야 하는지 묻고 있습니다. 이에 대한 답은 각자가 찾아야겠지만 그 전에 우리가 해야 할 게 있습니다. 감고 있던 두 눈을 떠서 삶을 바라보는 것입니다.

"우리의 역할을 희미하게나마 자각할 때, 그때 비로소 우리는 행복해진다. 바로 그 순간에만 평화롭게 살고 평화롭게 죽을 것이다. 삶에 의미를 부여하는 것이 죽음에도 의미를 부여하기 때문이다."

생텍쥐페리는 〈인간의 대지〉에서 이렇게 말했습니다.

행복한

삶이란

무엇일까?

행복이라는 단어의 의미를 알고 싶다면
행복을 목표가 아닌 보상으로 받아들여야 한다.

_〈사색 노트〉, 앙투안 드 생텍쥐페리

플라톤은 동굴의 우화를 통해 사람이 처한 실존적 상황을 설명합니다. 동굴 안에는 죄수들이 묶여 있습니다. 그들은 동굴 벽만 바라볼 수 있습니다. 동굴 밖에서 햇빛이 들어오면 동굴 벽면에 자신의 그림자가 드리워집니다. 이 그림자는 죄수들이 볼 수 있는 감각의 전부입니다. 죄수들은 그림자 세상이 유일한 현실이라고 여깁니다.

그러던 어느 날, 한 명의 죄수가 풀려납니다. 그는 동굴 밖으로 나가 태양이 빛나는 세상을 발견합니다. 평생을 검은 그림자만 보던 그로서는 놀라운 경험이었죠. 그는 자신이 가짜 세계에서 살았다는 사실을 깨닫습니다. 마음이 급해집니다. 동굴에 남겨진 동료들이 떠오릅니다. 동굴로 뛰어갑니다. 아직 묶여 있는 죄수들에게 침을 튀기며 외칩니다, 동굴 밖에는 놀라운 세상이 있다고. 그런데 안타깝게도 아무도 그의 말을 믿지 않습니다…….

이 우화는 많은 생각에 잠기게 합니다. '이게 진짜 현실이야'라고 믿었던 삶이 실은 환영일 수 있다고, 콘크리트처럼 단단한 우리 의식에 미세한 균열을 만듭니다. 눈에 보이고, 손에 잡히고, 냄새 맡는 이 감각적인 세상이 설마 가짜일까, 그런 의심이 피어납니다. 만일 그렇다면, 만일 그렇다면 말이죠, 우리가 지금껏 추구했던 행복도 가짜가 될까요?

나를 배꼽 빠져라 웃게 했던 일들도, 흐뭇한 마음으로 잔잔한 미소를 짓게 하던 작은 반려견의 움직임도, 가슴을 활짝 펴도록 만드는 당당한 행동들도 모두 가짜일까요? 그런데 가만히 생각해 보면 그날의 기쁨은 기억 속에서 퇴색되어갑니다. 대신 지금의 나는 우울하고, 불행하고, 지루합니다. 꿈속에서 손에 넣은 일확천금이 잠이 깨면 허공 속으로 사라지듯, 그날의 행복감은 지금 내 손에 남아 있지 않습니다. 환영 속에서 얻은 행복은 휘발유처럼 금세 증발합니다. 그리고 다시 내 시선을 뭔가 잡아끕니다. 내가 속해 있는 일상에 마음을 빼앗깁니다. 일상은 나의 지배자가 되어 아주 잠깐의 갈증 해소만을 허락할 뿐, 우리를 진정한 행복으로부터 단절시킵니다. 우리는 일상이 허락하는 한에서만 계획을 세우고, 습관을 만들며, 이렇게 하면 내일은 나아지리라는 허황된 믿음으로 하루를 살아갑니다. 마치 그림자를 보며 '이게 세상의 전부야'라고 말하는 동굴 속 죄수들처럼 말이죠. 도대체 영속적인 행복이란 존재하지 않는 것일까요? 아니면 행복을 잘못 이해하고 있는 것일까요?

──── 행복의 시간 ────

"행복이란 자신의 본성을 실현하는 것이다." 철학자 스피노자의 말입니다. 부모에게서 태어난 모든 생명체는 누가 시키지 않아도 하는 일이 있습니다. 막 태어난 아가의 작은 손을 생각해 보죠. 고사리 같은 이 손은 눈에 보이지 않지만 매 순간 자라게 됩니다. 그렇죠, 누가 시키지 않았지만 생명체는 자란다는 특성이 있습니다. 그리고 또 한 가지, 아가의 손바닥에 검지를 대면 아가는 이게 뭔지도 모른 채 손가

락을 움켜쥡니다. 본능적으로 움켜쥐죠. 손은 움켜쥐기 위해 만들어 졌습니다. 이를 우리는 손의 본성이라고 말할 수 있습니다. 손은 자신의 본성을 실현하기 위해 손에 잡히는 대로 움켜쥡니다. 마찬가지로 사람은 자신의 본성을 실현하려고 합니다. 이를 '자아실현'이라고 합니다. 다리가 서 있고 달리려고 하듯이, 눈이 뜨려고 하듯이, 사람 자체도 타고난 본성을 달성하려고 합니다. 심리학에서는 이를 '개성화 과정'이라고 부릅니다. 사회와 문화가 요구하는 제약을 뛰어넘어 사람은 자신을 실현하려고 합니다. 장미의 씨앗을 품고 있다면 장미가 되어야 하고, 데이지의 씨앗을 품고 있다면 데이지가 되어야 하는 것이죠.

그런데 사람들은 자신이 아닌 것이 되려고 합니다. 그게 불행에 빠지는 지름길인데도 말이죠.

행복을 뜻하는 프랑스어 'bonheur'는 'bonum'과 'augurium'이라는 라틴어에 어원을 두고 있습니다. 'bonum'은 '좋은, 긍정적인, 유쾌한'이란 의미이고 'augurium'은 '성장하다'라는 뜻입니다. 프랑스어 '행복(bonheur)'을 어원적으로 따지면 행복은 주어진 방향대로 성장하기 위해 하는 행위를 뜻합니다.

이런 인식에 토대를 둔 게 '행복주의'입니다. 우리가 흔히 생각하는

어린 왕자와 다시 만나다

'행복한 감정'을 추구하는 게 아니라 개인적인 성장, 자아실현 그리고 의미 있는 삶을 추구하는 행위 자체를 의미하죠. 그 행위와 함께, 그 행위를 하는 가운데 수반되는 긍정적 감정이 행복주의에서 말하는 행복입니다. 따라서 이때의 행복은 결과물이 아닙니다. '월급이 1천만 원이 되면 행복할 거야'라는 생각은 행복주의에서 말하는 '행복'과 다르죠. 결과를 따지지 않고, 성장을 추구하는 행위 자체에서 만족감을 얻기 때문입니다.

이런 관점은 긍정심리학에서도 똑같이 공유합니다. 미국 긍정심리학자인 에드워드 L. 데시(Edward L. Deci)와 리처드 M. 라이언(Richard M. Ryan)은 자기결정이론을 고안했습니다. 이 이론에는 무엇이 충족될 때 사람이 행복을 느끼는지 밝히는 대목이 있습니다. 사람이 느끼는 3가지 근본적 욕구와 관련된 내용인데 차례대로 자율성, 유능감, 관계성이죠. 자율성은 타인의 통제 없이 스스로 선택하고 계획을 세울 때 충족됩니다. 유능감은 능력과 관련된 내용입니다. 자신에게 주어진 능력을 향상시키고 목표를 달성하려고 노력하는 가운데 충족되는 욕구입니다. 마지막으로 관계성은 상호 존중에서 비롯된 조화로운 인간관계를 추구할 때 충족된다고, 그들은 설명합니다.

긍정심리학의 아버지로 불리는 마틴 셀리그만도 행복에 대해서 이야기한 적이 있습니다. 아래와 같은 3가지 삶을 추구할 때 진정한 행복을 누릴 수 있다고 말했죠.

- 유쾌한 삶 : 쾌락주의에 기반을 둔 삶으로 쾌락을 추구하고 고통을 회피하는 삶입니다.
- 의미 있는 삶 : 공공의 이익에 기여하면서 존재의 고양을 목표로 하는 삶입니다.
- 전념하는 삶 : 미하이 칙센트미하이(Mihaly Csikszentmihalyi) 교수가 고안한 최상 경험(몰입, flow)에 대한 이론입니다. 우리가 무언가에 완전히 빠져서 전력을 다하게 만드는 경험이죠.

그리고 흔히 행복 여부를 체크할 때 던지는 3가지 질문도 있죠.

- (그것은) 우리에게 행복감을 안겨주는가?
- (그것은) 우리에게 중요한가?
- (그것은) 우리에게 어떤 활력과 능력을 주는가?

어떤가요? 행복주의를 추구하는 사람들 입장에서 보면 절대 묻지

어린 왕자와 다시 만나다

도 않고 말하지도 않는 게 한 가지가 있습니다. 결과물입니다. 마라토너가 느끼는 행복은 달리는 도중에 얻는 것이지, 결승점을 통과한 뒤에 얻는 게 아닙니다. 한 사람도 빠지지 않고 행복은 과정에서 얻는 보상이라고 말합니다.

행복한 사람은 분에 넘칠 만큼 매일매일 뭔가를 더 많이 원하는 사람이 아니라 지금 순간에 행복을 느끼는 사람을 의미합니다. 인생의 시간에는 과거와 현재, 미래가 있지만 행복의 시간에는 과거와 미래가 없습니다. 오직 현재만 있는 셈이죠.

────── 행복의 얼굴 ──────

돈과 권력, 명예…… 종종 우리가 행복의 얼굴이라고 착각하는 것들입니다. 어린 왕자가 각각의 별에서 만나는 인간 군상은 좋은 본보기가 됩니다. 타인을 신하로 삼으며 행복을 얻는 왕, 박수갈채를 받아야만 직성이 풀리는 허영심에 찬 남자, 부끄러움을 잊기 위해 술을 마시는 주정뱅이, 숫자로 세기만 하며 모든 것을 가질 수 있다고 여기는 사업가까지. 우리는 그런 캐릭터들을 행복의 표상으로 여기지 않습니다. 왜일까요? 금전욕, 권력욕, 명예욕은 영원히 채울 수 없기 때문입니다.

"그들은 소유한 물질에서 얻은 행복의 환상에 빠져 있었다.
하지만 행복은 오직 행동에 대한 열기와 창조에서 오는 만족감이다."
_〈성채〉, 앙투안 드 생텍쥐페리

그렇다면 어떻게 해야 행복의 얼굴과 마주할 수 있을까요? 행복으로 향하는 길로 옳게 들어섰는지 측정해줄 우리의 나침반은 바로 감정입니다. 이 기계는 슬픔과 기쁨이라는 양극 사이에서 흔들리고 있죠. 한쪽은 우리가 잘못된 길로 가고 있다는 것을 알려주고 다른 한쪽은 우리가 올바른 방향으로 접어들었다는 것을 알려줍니다. 그 올바른 길이란 우리가 우리 자신을 완성하는 길일 테죠. 〈지킬 박사와 하이드〉로 유명한 영국의 작가 로버트 루이스 스티븐슨(Robert Louis Stevenson)은 이렇게 말했습니다.

"기쁨을 잃는 것은 모든 것을 잃는 것과 같다."

따라서 기쁨을 추구하는 것은 스피노자의 말처럼 '인간이 더 큰 완전성으로 이행하는 것'입니다. 기쁨은 그 자체로 충만함을 의미합니다. 슬픔은 대개 공허함에서 비롯되지만 기쁨은 마음을 가득 채우는 성질이 있습니다.

마음의 탐지기에 나는 소리를 들으며 행복을 찾아봅시다. 무엇이 당신을 기쁘게 했나요? 살다 보면 크고 작은 기쁨을 누리게 마련입니다. 때에 따라 소비생활에서 그런 기쁨을 누릴 때도 있습니다만, 정말 큰 기쁨은 호기심을 느끼고 뭔가를 알아냈을 때 찾아옵니다. 나아가 별다른 생각 없이 일상을 살아가던 소비인에서, 갑자기 자기 자신을 의식하는 멈춤의 순간을 맞이할 때, 달리 말해 사색의 순간에 들어갈 때 우리는 갑자기 잠에서 깬 기분이 들면서 '지금 이 순간'에 존재하는 것 같은 기분을 느끼게 됩니다. 우리의 일상적 의식의 틀이 깨지며 정신이 고양되는 순간이죠. 그 순간, 우리는 생산과 소비에서 벗어나 조금 다른 관계 맺음으로 세상과 마주하는 사람이 됩니다. 그때의 시선으로 바라본 세상과 나 자신은 이전과는 다릅니다. 구름이 흘러가는 게 보이고, 공기가 차가워지는 게 느껴집니다. 나의 코를 빠져나가는 날숨을 느끼고, 콩닥콩닥 뛰고 있는 심장 소리를 듣습니다. 우리의 의식은 깨어나고, 우리는 지금 이 순간에 존재하게 되죠. 그때 우리는 아이가 됩니다. 이제 그 아이에게 물어봅니다.

"네가 가장 사랑하는 게 뭐야?"

어려울 게 없습니다. 아이는 마음의 빛을 따라 스스로 선택할 수 있습니다. 마찬가지로 길을 잃은 어른들도 마음의 빛을 찾을 수 있다면 기쁨과 존재적 충만함 그리고 행복으로 향하는 더 많은 길을 알게 됩니다. 파스칼은 "이성이 모르는 이유를 가슴은 알고 있다."라고 말했습니다.

사랑하는 그게 마음속에 떠올랐다면 아마 당신은 두근거림을 느낄 것 같습니다. 두근거림이란 내면의 불꽃입니다. 마음에 지핀 모닥불입니다. 이 두근거림은 우리가 성숙해지는 데 큰 원동력이 됩니다. 사람은 이 두근거림에서 자아를 실현할 뿐 아니라 지금 이 순간 아이처럼 존재한다는 순수한 행복도 얻을 수 있습니다.

생텍쥐페리는 마음에 살고 있는 이 아이를 방치하는 모든 야만스런 행위들, 사람을 자기 자신으로 존재하지 못하게 하고 본질에서 멀어지게 만드는 그런 행위들을 미워했습니다. 그리고 지금 우리는 우리 스스로에게 야만스런 행동을 하고 있는지도 모릅니다. 내 안에 잠자고 있는 가능성의 씨앗을 돌보지 않거나 심지어 검은 천으로 덮어버렸죠.

"나를 괴롭게 하는 것은 비참함이 아니다. 그것은 나태함에 안주하는 것이다. (중략) 나를 괴롭히는 것은 구멍도 돌기도 추함도 아니다. 그것은 각각의 인간 내면에서 암살당한 모차르트다."

〈인간의 대지〉에서 생텍쥐페리가 한 말입니다.

—— 행복 자체를 추구하지 말 것 ——

행복을 추구한다는 말은 조금 모순처럼 들립니다. 행복이란 마치 운동을 하면 흘리는 땀과 같은 것인데 땀을 내기 위해서 운동을 한다는 것은 앞뒤가 맞지 않기 때문이죠. 행복은 그 자체를 추구해서 얻어지는 게 아니라 자기실현을 위한 과정에 섰을 때 얻어지는 것입니다. 마음의 빛을 따라가는 순간에 자연스럽게 받게 되는 은혜입니다. 따라서 내면의 본성을 실현하는 데 방해가 되는 속박들로부터 자유로워지는 게 행복을 얻는 방법이 됩니다.

우리 마음은 본래 광활한 들녘과 같습니다. 소들이 풀을 뜯고, 양떼가 자유롭게 다닙니다. 그 너른 들녘에서 속삭이는 소리가 있습니다. 우리는 삶이 속삭이는 말에 귀를 기울인 채, 삶이 우리를 통해 이루고

자 하는 게 무엇인지, 어떻게 해야 내가 대응할 수 있을지 찾아갑니다. 실로 행복한 순간입니다.

감사하는 마음은 행복을 더욱 키우는 힘이 있습니다. 로버트 에몬스(Robert Emmons)가 심리학 연구를 통해 제안한 것처럼 말이죠. 삶이 내게 준 선물과 행복한 순간에 감사한 마음을 가지면 기쁨은 더욱 커집니다. 이는 곧 더 많은 은혜를 낳으면서 선순환을 이룹니다.

부여받은 것에 감사함을 느끼면 우리는 겸손한 태도를 유지하고 행복은 곧 단순함이라는 것을 깨닫게 됩니다. 노자가 바라본 행복의 상태가 바로 아이들이 가진 단순함입니다. 기독교의 가르침 중 하나도 다시 어린아이가 되는 것입니다. 이를 위해선 단순함뿐 아니라 놀라움, 자발성, 진정성과 경이로움을 키우는 것이 행복에 도달하는 지름길 같습니다.

—— 깨어 있는 삶 ——

우리는 행복을 손에 쥐고도 그 행복에 무뎌지는 현상, 즉 '쾌락 적

어린 왕자와 다시 만나다

응'이나 '쾌락의 쳇바퀴'를 경계해야 합니다. 물건을 사자마자 곧바로 싫증을 느껴서 새로운 물건을 계속 수집하는 사람들이 있습니다. 이 사람들은 물건뿐 아니라 경험 그리고 관계에서도 그런 감정을 느끼죠.

그런 상태를 우리는 잠들어 있는 상태에 비유할 수 있습니다. 그토록 갖고 싶은 것이 내 주위에 가득하지만 마음이 더 이상 반응하지 않는 그런 상태입니다.

"삶의 신비 앞에서 더욱 강렬한 감정을 느낀다. 이러한 감정이 미와 진실을 낳는다. 누군가 이러한 감정을 경험해보지 못했거나 더 이상 경이와 놀라움을 느낄 수 없다면 그는 살아 있는 시체요, 눈먼 장님이다."라고 아인슈타인은 말했죠. 아리스토텔레스 역시 비이성, 수면, 죽음을 철학의 반대편에 놓인 것으로 보았습니다. 누구도 잠이 든 채로, 무의식중에서, 산송장처럼 살고 싶어 하지 않지만 우리는 종종 이런 상태에 놓이게 되죠.

비몽사몽간에 나태하게 사는 것보다 깨어 있는 삶이 더 바람직합니다. 그렇지 않으면 우리는 무기력에 빠지게 되고, 자신의 삶을 방치하게 됩니다. 깨어 있는 상태, 즉 자각으로부터 모든 게 시작한다는 데에는 동서양이 다르게 생각하지 않습니다.

이 쾌락 적응으로부터 자신을 구하려면 '행복을 만들어가는 습관'이 필요합니다. 소냐 류보머스키(Sonja Lyubomirsky)와 그의 동료 연구자인 켄 셸던(Ken Sheldon), 데이비드 샤케이드(David Schkade)는 행복을 결정하는 세 가지 요소가 있다고 밝혔습니다. 행복에서 유전적 요소가 차지하는 비율은 50%, 생활 여건은 10%이며 나머지 40%가 우리가 행복에 쏟은 노력에서 온다고 합니다. 행복을 만들어가는 습관이 그래서 중요한 것이죠.

감사함도 습관으로 만들 수 있습니다. 일상에서 접하는 것들 예를 들어, 수돗물, 선거권, 내가 지금 이 순간 살아 있다는 단순한 사실들을 삶의 작은 기적으로 여기고 감사하는 것이죠. 모두가 이런 행운을 누리고 사는 건 아닙니다. 그런 만큼 매우 소중한 작은 행복들을 더욱 만끽해야 합니다.

새로운 배움, 발전시킬 재능, 감사함과 사색 실천, 명상 그리고 이 밖에도 우리에게 이로운 모든 활동이 행복의 습관이 될 수 있습니다. 마음의 빛을 따라 내 자신을 성숙시키는 일에 관심을 가지면 기쁨과 만족감이 생겨납니다. 나아가 행복이 더욱 커지길 바란다면 내 이웃에게 행복을 선사해야 합니다. 행복이란 나눌수록 커지는 선물이기 때문입니다.

여러 과학 연구들에 따르면 베푸는 삶에 행복이 있다고 말합니다. 성경에 "주는 것이 받는 것보다 행복하다."라는 말씀도 있죠. 〈로미오와 줄리엣〉에는 "당신에게 줄수록 나는 더 많이 갖게 된다."라는 줄리엣의 대사도 등장합니다. 타인을 행복에 젖게 하고, 그들의 만족스러운 미소를 바라보고 있으면 우리 역시 황홀함을 느끼고 내가 누군가에게 필요한 존재라고 느끼게 합니다. 사람은 나누면서 행복을 얻습니다.

—— 장미를 즐기는 방법 ——

행복은 사치가 아닙니다. 사람에게 부여된 의무에 가깝습니다. 적어도 우리는 행복에 책임이 있습니다. 불행은 자꾸만 커지며 우리의 삶을 위협합니다. 예측하지 못했던 불행은 언제든 닥칠 수 있기 때문에 우리는 더더욱 책임감을 느끼고 행복의 불꽃이 죽지 않도록 보살펴야 합니다.

'카르페 디엠'은 호라티우스의 시에서 나온 표현입니다. "내일을 적

정하지 말고 현재를 즐겨라." 마치 "내일의 일은 내일 걱정하라."는 속담과 비슷하죠. 인생은 단 한 번 주어진 기회인 것처럼 매일을 즐겨야 합니다. 죽을 날을 걱정하기보다는 현재의 순간을 통해서 최대한의 행복을 얻어야 합니다. 프랑스 시인 피에르 드 롱사르는 "바로 오늘부터 삶의 장미들을 즐겨라."라고 말했습니다. 장미는 우리를 기다려주지 않습니다. 그래서 꽃이 피자마자 개화를 즐겨야 합니다. 우리의 하루하루도 마찬가지입니다. 인생을 사랑하고 때로 행복을 느낄 수 있는 가장 좋은 방법입니다.

어린 왕자와 다시 만나다

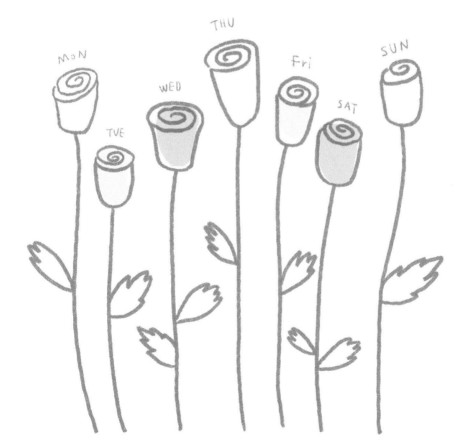

관계 맺음이란

무엇일까?

"길들인다는 게 무슨 뜻이야?"
"이제는 너무 잊힌 일이지.
그건 '관계를 만든다'는 의미야."라고 여우가 말했다.

_〈어린 왕자〉, 앙투안 드 생텍쥐페리

"네가 오후 4시에 온다면 나는 3시부터 행복할 거야. 그리고 시간이 갈수록 더욱 행복해질 거야." 생텍쥐페리의 〈어린 왕자〉에 등장하는 매우 감동적인 글귀입니다. 행복과 정서적 관계의 상관관계를 완벽하게 표현한 문장이기도 하죠. 2015년 하버드대학교가 진행한 연구도 이를 뒷받침합니다. 타인과 맺는 관계는 진정한 행복의 첫 번째 요소입니다.

"진정한 사치란 인간관계의 사치뿐이다."

_ 〈인간의 대지〉, 앙투안 드 생텍쥐페리

───── 관계 맺음의 4가지 ─────

　단언컨대, 관계 맺음은 인간의 삶에서 가장 중요한 주제입니다. 삶
이 처음 시작되면서 우리가 하는 일도 관계 맺음입니다. 물론 첫 번째
관계는 부모와의 관계입니다. 아이들은 그 자체로 사랑을 받아야 합
니다. 있는 그대로의 모습으로 사랑을 받을 때, 아이들도 그런 방식으
로 사랑을 베푸는 법을 배웁니다. 있는 모습 그대로가 아니라 뛰어난
재능이나 다른 것 때문에 사랑을 받는다고 느끼는 아이들은 종종 비
극의 주인공이 되기도 하죠.

　오늘날에도 관계 맺음에 대한 연구는 지속되고 있습니다. 고대로부
터 내려온 관계 맺음 문제를 아직까지 풀지 못하고 있다는 뜻이기도
합니다. 그만큼 어렵기 때문일까요?

　철학자들은 관계 맺음의 종류로 4가지를 듭니다. 첫째는 바로 '에로

스', 즉 본능적 사랑입니다. 예를 들어 감각적으로 느낄 수 있는, 일종의 시각적 아름다움에 대한 욕망이죠. 에로스는 그리스 신화에서 사랑과 창조의 힘을 가진 신의 이름이기도 합니다. 둘째는 '필리아'입니다. 우애와 연대감을 의미합니다. 셋째는 '스트로게'입니다. 부모, 형제, 자매, 자녀들에게서 느낄 수 있는 애정을 말합니다. 가족 내부의 관계 맺음이기 때문에 흔히 애증의 관계가 되기도 하지만 그만큼 인연의 끈이 질깁니다. 소포클레스의 〈오이디푸스 왕〉, 〈안티고네〉, 셰익스피어의 〈리어 왕〉, 〈햄릿〉과 같은 위대한 문학 작품들이 이런 가족 간 애정을 중심으로 펼쳐지며 오늘날에도 여전히 감동을 선사합니다. 마지막은, 이웃에 대한 사랑을 뜻하는 '아가페'입니다. 신을 향한 사랑, 무조건적인 사랑을 의미합니다. 근원적 사랑이자 자비로운 사랑을 말하기도 합니다.

　보통 사랑을 주제로 다루는 이야기에는 에로스 하나밖에 없을 것 같습니다. 그러나 실제로 연인의 사랑을 다룬 이야기를 보면 대개 이 네 가지 사랑이 모두 등장하죠. 연인은 네 가지 사랑 안에서 일어나는 변화를 통해 관계를 건강하고 지속적으로 유지할 수 있기 때문입니다. 기본적으로 연인이 좋은 관계를 유지하기 위해서는 서로에게 좋은 친구(필리아)가 되어야 합니다. 물론 열렬한 감정에도 휩싸이며 육체적 접촉을 위한 에로스도 당연히 있어야겠죠. 그런 후 정성과 애정을 쏟으며 서로에게 헌신하는 스트로게도 필수적입니다. 마지막으로 관계를 완성시키는 무조건적인 사랑, 즉 아가페도 필요합니다. 무슨 말일까요? '사랑'이라고 부르는 이 관계 맺음에는 발전과정이 있다는 뜻입니다.

───── 내 영혼이 풍요로워지기를 바란다면 ─────

우애를 나누는 사이를 우리는 '친구'라고 부릅니다. 우애가 깊어지면 아리스토텔레스의 말처럼 "친구는 또 다른 나"가 됩니다. 몽테뉴는 그의 수필 〈우정〉에서 "내가 말하고자 하는 우정은 (우리의 영혼이) 섞이고 서로 녹아드는 것이다. 각자의 영혼들도 사라져 그 이음새마저 발견할 수 없는 보편적인 결합물이 되는 것이다. 누군가가 나에게 왜 그를 사랑하느냐고 묻는다면 이렇게 대답하리라. '단지 그가 그였고 나였기 때문'이라고."라며 멋지게 표현했죠.

우리는 거울처럼 타인에게서 우리를 발견합니다. 그러나 단지 자신을 발견만 하고 그치지 않습니다. 스스로를 성장할 기회를 갖게 됩니다. 물론 그 기회를 잡을지 말지는 본인의 선택입니다만. 친구에게서 발견하는 공통점은 어떤 생각들입니다. 키케로는 우정에 대해 "호의와 관용이 포함된, 신이나 인간에 관한 모든 것의 일치"라고 정의했는데 이는 세계관이나 인간관이 다르지 않다는 뜻입니다. 이제 우애로 맺어진 친구는 서로를 비추는 거울이 됩니다. 나는 친구에게 부끄럽고 싶지 않고, 친구는 나에게 창피하고 싶지 않습니다. 그런 점에서 우애는 개인적이고 정신적인 발전으로 가는 길이자 성숙과 깊은 연관을 맺게 됩니다.

우애의 기초가 되는 만남과 교류는 그래서 인생이 우리에게 부여한 행운일지도 모릅니다. 그 좁고 외로운 공간에서 나와서 넓고 행복한 시간 속으로 들어가라는 계시입니다. 물론 현대인에게 만남의 시간은 짧고 정성을 쏟을 만한 시간도 부족한 건 사실입니다. 그러나 그렇다고 해서 만남을 지레 포기할 필요는 없습니다. 만남이 짧더라도 감동까지 짧은 건 아니기 때문입니다. 또한 그런 짧은 만남이 아름다운 우정이나 사랑으로 연결될 수 있습니다. 나아가 타인 안에 있는 신을 발견할 수 있다면, 그래서 내 안에 아가페적인 사랑을 발현시킬 수 있다면 그만큼 놀라운 경험도 없을 겁니다.

생텍쥐페리는 〈전시 조종사〉에서 이렇게 말했습니다.

"나와 다른 사람은 나를 손상하기는커녕 나를 풍요롭게 한다."

내 영혼이 풍요로워지기를 바라는 사람은 누구입니까? 그 풍요로움을 걷어차는 사람은 또 누구입니까?

—— 길들이기 ——

우애가 깊어지면 서로를 길들입니다. 길들이기 위해서는 많은 것이 필요합니다. 시간도 있어야 하고, 인내심도 발휘해야 하며, 진솔한 마음도 한 움큼 넣어야 하고, 베란다 창문 열듯 마음도 활짝 젖혀두어야 하고, 그의 삶에 한 발 깊게 담가야 하고, 이해가 되지 않는 그의 성격도 받아들여야 할 때도 있고, 또 약속을 지키도록 노력해야 하죠. 한마디로 여우가 어린 왕자에게 말했듯이 책임이 필요합니다. "네가 길들인 것에 대해 너는 언제나 책임을 져야 해."

또한 길들여진다는 말은, 선택한다는 말이기도 합니다. 여우가 먼저 어린 왕자에게 다가와 '나를 길들여 달라'고 부탁하듯이 말이죠. 따

어린 왕자와 다시 만나다

라서 선택에는 '너를 수용하겠다'는 생각이 담겨 있습니다. 나아가 흔들리기 쉬운 이 세상살이에서 나를 너의 가족처럼 여겨주기를 바란다는 의미도 담겨 있죠. 그래서 겉으로 보면 내가 너를 선택하는 적극적 행위 같지만 실은 내가 마음을 낮추고 다가가는 아름다운 행위가 됩니다.

물론 오늘날, 여우와 어린 왕자 사이의 길들이기를 시도하기란 쉽지 않은 일입니다. 반면 잠깐이라도 타인과 만나는 순간에 뭔가를 시도해 보는 건 어려운 일이 아닙니다. 오히려 길들이기의 처음을 이런 식으로 열어보는 것도 좋은 방법이죠. 긍정심리학에서는 이를 '긍정 울림'이라고 합니다. 바바라 L. 프레드릭슨(Barbara L. Fredrickson)은 이를 주제로 한 연구를 통해 긍정 울림은 신체와 정신에 모두 이롭다는 것을 밝혔습니다. 미소를 주고받고 서로 웃음보가 터지고 합의의 뜻으로 윙크하는 것은 개인 사이에서 긍정 울림을 만들어냅니다. 긍정적인 감정을 공유하는 그 짧은 순간, 우리는 타인과 마음으로 연결되어 있다는 느낌을 갖게 되고, 호감을 느낍니다. 비록 짧은 순간이지만 토대가 마련됩니다. 길들이기로 나갈지 말지는 본인이 선택하는 것이지만 선택을 하는 순간, 분명 달라지는 게 생기죠.

"우리는 길들인 것만 이해하게 돼. 사람들은 어떤 것을 이해하는 데 더 이상은 시간을 들이지 않아. 사람들은 가게에 가서 만들어진 것을 사지. 하지만 우정을 살 수 있는 곳은 존재하지 않아. 그래서 사람들은 더 이상 친구가 없어."

—— 한 사람과만 나눌 수 있는 것 ——

아리스토텔레스는 '에로스'를 우애 이상의 것으로 봤습니다. 그래서 오직 한 사람과만 나눌 수 있다고 설명하죠. 장미와 어린 왕자 사이에도 이런 사랑의 특성이 있는 것 같습니다. 장미가 꽃을 피우자마자 어린 왕자가 새로운 아름다움에 감동하고 사로잡힌 듯했으니까요. 그후 어린 왕자는 장미에 대해 더 많은 것을 알고자 했고 이해하려고 했고 궁극적으로 함께 나누려고 했죠. 에로스는 단순히 육체적인 사랑을 의미하는 게 아니고, 아름다움에 대한 감정으로 넓게 확대됩니다.

플라톤은 〈파이드로스〉에서 아름다움은 가장 눈부신 빛을 발하고 우리에게 가장 밝은 것으로 여겨지며 사랑을 불러일으킨다고 말합니다. '에로스'에서 아름다움을 발견하는 것이 얼마나 중요한지 알 수 있

어린 왕자와 다시 만나다

죠. 한눈에 반한다는 것은 우정에서는 차마 느끼지 못했던 감정을 우리 내면 깊은 곳에 발견한다는 뜻입니다. 우리는 사랑에서 빛과 온기를 감지하고 이 빛과 온기는 우리를 비추고 따뜻하게 하며 보호해줍니다. 그러나 불씨는 언제든 수그러들기 마련입니다. 그때 우애는 사랑을 더욱 튼튼히 받쳐주는 토대가 됩니다.

―――― 사랑을 확대하기 위한 과정, 용서 ――――

과거에는 주로 종교적 의미에서 쓰던 '용서'가 한나 아렌트, 자크 데리다, 블라디미르 얀켈레비치, 폴 리쾨르 등 현대 사상가들에 의해 처음 철학에 포함되었습니다. 오늘날 용서는 사람과 신의 관계가 아니라 사람 사이의 정서적 관계 맺음에서 중요한 역할을 하게 되었습니다.

용서를 한다는 건 쉽지 않은 일이죠. 마음이 허락하지 않기 때문입니다. 그러나 놀랍게도 한 명이 용서를 하면 두 명이 구원을 받게 됩니다. 용서받은 자는 죄책감에서 벗어나게 되고, 용서한 자는 미움의 감정에서 벗어나게 됩니다. 그런 의미에서 용서는 이기주의자의 현명한 행동이라고 말할 수 있습니다. 캘리포니아 스탠포드대학의 프레드 러스킨(Fred Luskin)은 연구를 통해 종교적 신념이 배제된 용서만이 삶의 질, 건강 그리고 수명에 뛰어난 효과를 보인다고 설명합니다. 또한 그는 용서를 우리가 다시 즐거움을 되찾기 위한 선택이라고 말합니다.

그러나 용서에는 이런 실용적 차원 너머의 의미가 있습니다. 용서를 한다는 건 자기를 구원하는 동시에 타인의 불행을 헤아린다는 뜻입니다. "저들을 사하여 주옵소서. 자기들이 하는 것을 알지 못함이니이다." 신약성경에는 무지 때문에 저지른 잘못이므로 그들은 용서받아야 한다는 말이 나옵니다. 부족한 것에 대해서 느끼는 이 안타까움이 용서의 실체라는 말입니다. 부족한 것을 빼고 생각해 보면 그들은 나와 다름없는 사람입니다. 반대로 넘치는 것을 빼고 생각해 봐도 그들은 나와 다름없는 사람입니다. 왕에게서 왕관을 빼고 그를 있는 그대로 보고, 거지에게서 누더기를 빼고 그를 있는 그대로 보는 것을 의미합니다. 그들을 장식하고 있는 것을 빼고 남은 것을 바라볼 때 우리는 비로소 올바른 시각을 얻게 됩니다. 그렇게 사람의 존귀한 본성, 신성한 본성에 접근하게 되죠. 그래서 생텍쥐페리는 인간의 신성한 본성에 다가갈 것을 권하며 용서가 이를 달성하는 데 필요한 단계라고 생각했습니다. 용서란 그러므로 귀하고 천함을 벗어나서 사람을 대하는 마음을 의미합니다.

> **"당신은 다름 아닌 관계의 매듭이다.**
> **당신은 당신의 관계에 의해 존재한다."**
>
> _〈성채〉, 앙투안 드 생텍쥐페리

—— 내가 나를 사랑하는 게 모든 것의 출발점 ——

인간관계를 이야기할 때 조화로운 관계를 빼놓을 수 없습니다. 화합은 완벽한 호흡에서 비롯됩니다. 음악의 음표처럼 사람은 타인과 조화를 이루고 정확하게 각자의 자리를 찾으며 서로 존중하며 화합하는 것이 바람직합니다. 이게 가장 아름다운 교향곡들이 만들어지는 방법이죠.

그러나 모든 것은 우리 자신으로부터 시작되어야 합니다. 우리 안에 화합이 존재하지 않는다면 어떻게 협연이 가능할까요? 안정적이고 행복한 관계를 위해서는 내가 먼저 나를 사랑하는 법을 배워야 합니다. 그렇지 않으면 불행에 끌려 다닐 수 있죠. 그것도 주변 사람들에게 부정적인 영향을 미치면서 말이죠. 자신을 혐오하고 자신의 인간성을 미워하는 사람은 미개인과 다름없습니다. 자신을 채찍질할수록 사람들 사이에서 마음대로 행동하며 잘못된 선택을 하기 쉬운 사람이 되죠. 증오는 그 가운데 탄생합니다.

"사랑의 기쁨이 존재한다면 우리는 바로 그 기저에서 존재의 정당성을 느낀다."라고 사르트르는 책에 쓴 적이 있습니다. 건강한 자존감을 가졌을 때 사람은 스스로 당당해집니다. 괜히 위축되지도 않고 공연히 오만에 빠지지도 않은 채 정신적 균형을 이룹니다. 자신을 있는 그대로 받아들이는 마음, 자신의 약점과 문제점을 향한 연민 그리고 열린 마음을 가질 때 우리는 비로소 내면의 본성을 성장시키고 실현할 수 있습니다.

우리는 아직 발전하는 단계에 있고, 내가 나 자신에게 좋은 친구이자 보호자, 연인이 되어야 한다는 점을 겸허하게 받아들여야 합니다. 내가 먼저 나를 사랑하고 북돋을 수 있어야 타인을 대할 때도 똑같이 행동하게 됩니다. 〈어린 왕자〉에도 "다른 사람을 심판하는 것보다 자

신을 심판하는 것은 더욱 어려운 일이다. 너 자신을 심판할 수 있다면 너는 진정 지혜로운 사람이다."라고 말하고 있습니다.

'인문학'은 사람 사이에서 화합을 추구하도록 만드는 힘을 가지고 있습니다. 가령 문학은 역지사지를 가르치고 다양한 감정을 경험하도록 돕습니다. 음악은 그 자체로 어울림이라는 아름다움의 세계로 우리를 인도합니다. 나아가 인문학은 우리의 상상력이 작동하도록 만들어 낡은 과거로부터 탈출할 수 있도록 돕죠.

"사랑은 마주보는 것이 아니라 함께 같은 방향을 보는 것이다."

_ 〈인간의 대지〉, 앙투안 드 생텍쥐페리

―――― 사랑은 우리를 살아 있게 만든다 ――――

거창하지 않아도 좋습니다. 관계 맺음을 향한 우리의 사소한 노력은 우리 주위를 더욱 나은 관계 맺음으로 인도하는 데 일조합니다. 우애와 사랑의 탄생을 지켜보고 관계의 조화를 추구하는 동안 우리 자

어린 왕자와 다시 만나다

신도 더욱 이타적인 사람이 됩니다. 서로에게 너그러운 사람만큼 아름다운 것이 어디 있을까요?

"행복은 타인을 위해 사는 데 있다."라고 톨스토이는 말했습니다. 행복은 타인과 맺은 지속적인 관계에서 얻게 되는 선물입니다. 타인은 우리의 행복에 기여할 뿐 아니라 우리를 살아 있게 만듭니다. 생텍쥐페리는 〈남방 우편기〉에서 "사랑한다는 것은 태어난다는 것"이라고 말했습니다.

사랑은 많은 얼굴을 하고 있습니다. 때로는 열정일 수도 있고, 때로는 우애일 수도 있습니다. 혹은 내리사랑이거나 혹은 자비의 모습일 때도 있습니다. 상관없습니다. 어떤 사랑이든 우리를 살아 있게 만듭니다. 이런 관계 맺음은 우리를 행복으로 이끌고, 우리를 당당하도록 만듭니다. 생텍쥐페리가 〈남방 우편기〉에서 "사랑은 두 팔로 당신의 현재, 당신의 과거, 당신의 미래를 품는다. 사랑의 팔은 당신을 그러안는다."라고 쓴 이유이기도 합니다.

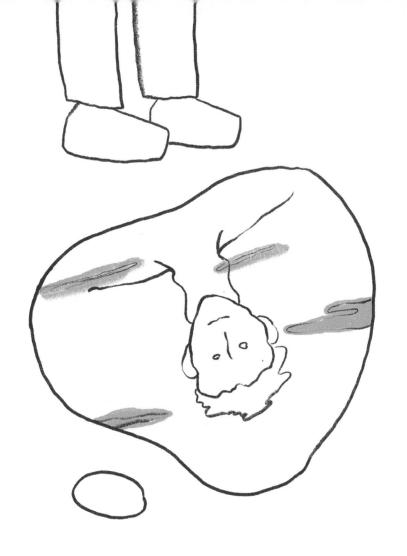

혐오와

갈라치기를

넘어서

"우리는 왜 증오하는가?
우리는 같은 유성으로 떠내려 온,
같은 배를 탄 선원으로 연대하고 있다."

_〈인간의 대지〉, 앙투안 드 생텍쥐페리

～～～～～～～～～～～～～～～～～

생텍쥐페리는 스페인 내전을 취재하기 위해 특파원으로 파견되었다가 무정부주의 민병대원에게 잡혀 포로가 된 적이 있었죠. 포로생활은 두려운 동시에 신물이 나는 상황이었습니다. 그런데 생텍쥐페리는 대담하게도 감시자에게 미소를 지으며 담배를 요구했습니다. 그때 '매우 비밀스러운 기적'이 벌어집니다. 감시자의 얼굴에 미소가 번지며 담배 쥔 손이 돌아왔습니다.

〈어느 인질에게 보내는 편지〉에서 생텍쥐페리는, 팽팽한 긴장의 끈이 툭 끊어질 만큼 환한 미소였다고 회고했습니다. "달라진 것은 없지만 모든 것이 변했다." 생텍쥐페리는 "존재한다는 특별한 감정을 나는 느꼈다. 그렇다, 존재함! 그래서 동질감을 느꼈다."라고 덧붙였습니다.

때로 우리는 먼 이국에서 날아온 낯선 얼굴과도 연대감을 느낄 수 있습니다. 서먹한 사이에서는 미소가 열쇠가 될 수 있습니다. 낯섦과 갈등, 혐오는 흔적 없이 사라지고 관계는 축제로 바뀝니다. 그때 우리는 언어, 계급, 파벌을 넘어서 동료가 됩니다. 설령 신체적 위협이 뒤따르는 최악의 상황에 처하더라도 사태를 바꿀 힘이 우리에게는 있죠. "인간은 장애와 맞설 때 자신을 드러낸다." 생텍쥐페리가 〈인간의 대지〉에서 했던 말처럼 말이죠.

───── **나의 일처럼 여기게 될 때** ─────

'연대'라는 말은 구성원 간의 사회적 의무를 의미합니다. 어려운 지경에 처한 사람을 돕거나 위기에 빠진 사람을 구하거나 혹은 대가 없이 힘을 보태는 모든 행위와 책임감이 모두 연대라는 말로 설명이 가능합니다.

연대는 이타주의와 다릅니다. 이타적인 사람들은 타인을 돕고자 하지만 타인에게 일어난 일이 나와 관련이 있다고 느끼지는 않죠. 반면 연대감을 느끼는 사람들은 자기 일처럼 받아들입니다. 따라서 구성원 간에 도움을 주고받는 건 자연스런 의무가 됩니다. 그런 의무 속에서 관계는 탄탄해집니다.

세계 곳곳에는 수많은 단체가 활동하며 연대가 사람들에게 얼마나 긍정적인 효과를 일으키고 보람을 가져다주는지 잘 보여줍니다. 프랑스의 파리 솔리데르(Pari Solidaire, 파리 연대)가 진행하는 프로젝트가 좋은 예입니다. 학생들이 노인의 집에서 함께 살며 노인들에게 안정감을 주고 작은 심부름을 도와줍니다. 동시에 학생들은 노인들에게 지혜를 얻죠. 대단치 않은 연대지만 이를 통해 연대에 참여한 사람들은 풍요를 누릴 수 있습니다. 일본 오키나와 섬에는 100세 노인들이 상당수 거주하고 있습니다. 장수 비결이 궁금했던 연구자들은 할아버지 할머니들이 손주들과 함께 시간을 보낸다는 사실을 발견합니다. 여러 세대가 함께 살아가는 건 누군가에게 건강과 행복과 장수를 선물하는 일입니다.

연대는 그저 의무라서 추구하는 게 아닙니다. 연대는 그 자체로 공동의 자원이자 힘입니다. 연대를 향해 한 걸음 나아가면 우리는 한 가족으로서 함께 책임져야 한다는 감정, 즉 '형제애'를 불러일으킬 수 있습니다. 생텍쥐페리가 미소 띤 감시자에게서 동질감을 느낀 것처럼 말이죠.

"인간이라는 것은 정확하게 말하자면 책임을 진다는 것이다. (중략)
자신의 돌을 놓아 세상을 만드는 데 일조한다고 느끼는 것이다."
_〈인간의 대지〉, 앙투안 드 생텍쥐페리

—— 연대는 희생이 아니라 서로의 이익을 추구하는 것 ——

애완견이나 사랑하는 사람 등 우리는 종종 우리가 길들인 것에만 책임감을 가지면 될 뿐이라고 말합니다. 그러나 예를 들어 설령 거리에 쌓인 쓰레기가 내가 버린 것이 아닐지라도 오물을 해결할 책임이 일부 있습니다. 그 책임감은 물론 나 혼자 느끼는 것은 아니고, 그 거리에 사는 모든 이들이 동시에 느끼는 책임감이며, 그런 책임감 속에

어린 왕자와 다시 만나다

서 우리는 모두 하나로 연결되어 있다는 느낌을 갖게 됩니다.

책임이 있다는 말은, 지금 내 주위에서 벌어지고 있는 일에 내가 관계되어 있으며, 관심을 갖고 있으며, 참여한다는 뜻입니다. 참여라고 하니 어렵게 느껴집니다만, 종종 마음이 먼저 움직이는 강한 충동을 느낄 때가 있습니다. 그게 참여하려는 마음이며, 그때 그 일에 손을 담그겠다는 용기가 필요합니다.

플라톤은 용기를 '영혼의 끈기'라고 불렀는데 신중, 절제, 정의와 함께 네 가지 기본 미덕 중 하나로 꼽았습니다. 앙드레 콩트-스퐁빌 (André Comte-Sponville)도 그의 책 〈미덕이란 무엇인가〉에서 "용기는 대단한 일이 아니더라도 타인에게 봉사할 때나 혹은 이기적인 마음이 없을 때만 '도덕적으로' 훌륭하다."라고 말했죠.

용기라고 거창하게 얘기했지만 희생이 필요한 건 아닙니다. 연대란 건 누군가의 일방적인 희생이 아니라 서로의 이익을 함께 추구하는 데서 나올 수 있기 때문이죠. 타인에게 이로운 행동을 하면서 동시에 우리에게도 이로운 행동을 할 수 있다는 얘기입니다. 상업적 거래가 가장 간단하고 쉬운 예시입니다. 필요하지만 직접 만들 수 없는 물건이 있을 때 타인에게 돈을 주고 구입하는 게 서로가 이익인 연대의 일상적 모습입니다.

코로나바이러스가 전 세계에 창궐하면서 우리는 아름다운 연대를 경험했습니다. 모두를 살리기 위해 우리는 무엇을 했습니까? 일부러 타인을 도우려고 할 필요 없이 각자가 자신을 돌보는 것으로 공동체에 기여합니다. 지금도 각국 정부는 국민들에게 교류를 최소화하거나 사회적 거리 두기를 하면서 스스로를 보호하는 길이 사회를 보호하는 길임을 알리고 있습니다.

—— 선을 행하기 위해 태어난 존재 ——

공공의 이익이란 마치 내 삶과 무관한 것처럼 보이지만 실제로는 그렇지 않습니다. 물론 공공의 이익만을 위해 자기 한 몸을 희생하는 경우는 드물지만 대개는 공공의 이익에 부합하는 행위를 하기 때문이죠. 사람들이 추구하는 삶의 목표가 대개 이 기준에서 벗어나지 않습니다.

아리스토텔레스는 선과 존재를 동일시했습니다. 존재가 본능적으로 추구하는 것이 바로 선이기 때문이죠. 예를 들어 당신이 공들여 준

어린 왕자와 다시 만나다

비한 모든 프로젝트와 그 실행 계획들은 대개 나 혼자만이 아닌 우리 모두를 행복하게 하거나, 아니면 적어도 우리에게 이로운 행동을 하는 데 목적이 있습니다. 불행해지기 위해 노력한 적이 있나요? 물론 나의 행동이 모두 행복으로 이어지는 것은 아니지만 돌부리에 걸려 넘어지길 바라며 걷는 사람은 거의 없죠.

공익은 우리가 도덕적으로 완벽해지고 더 좋은 사람이 되게 합니다. 종교인들은 신, 적어도 자신 안의 신에게 다가가길 원하고 이를 통해 사랑이 인도하는 조화로운 삶을 기대합니다. 공익을 의식하고 중시하면 공경하는 마음이 생깁니다. 자신뿐 아니라 타인을 위해서도 더욱 도덕적으로 살거나 자연을 보호하고 환경을 지키려는 마음이 일어납니다.

생텍쥐페리와 토마 드 코닝크의 아버지인 샤를 드 코닝크의 관심사 가운데 가장 유사한 것이 바로 공익의 우월함입니다. 이들은 공익보다 중요한 것은 없다고 입을 모았죠. 정신적 선은 결코 분열되지 않는다고 말했습니다. 모든 것을 자기 위주로 생각하고 타인에 무관심한 개인주의자를 비난했죠. 선한 것일수록 개개인의 장벽을 뛰어넘어서 우리 모두에게 주어집니다. 선은 공기, 물과 같은 천연자원이자 교육, 문화, 음악 그 외 모든 예술처럼 사람 손으로 탄생시킨 자원입니다.

공익을 중시하면 어우러져 사는 것을 목적으로 삼게 되고, 그 안에서 사는 방법을 배우게 됩니다. 가톨릭에서 말하는 '성도의 교제(the communion of saints, 그리스도 안에서 이뤄지는 교제로, 나누고 돕고 의지하는 것을 의미하며 '성인의 통공'으로도 불린다. 여기서는 공동체 안에서 이루어지는 교제를 의미하기 위해 인용했다. – 옮긴이)'는 종교에 국한되지 않고 사회로 넓혀도 숭고한 표현이 됩니다. 앙드레 콩트-스퐁빌은 "연대하는 것은 분열하는 것이 아니라 나누는 것이다."라고 말했습니다.

우리는 숭고한 의도, 유익하고 아름다운 생각 그리고 선의의 행동들 덕분에 연대할 수 있습니다. 스스로 더 나은 사람이 되고 도덕적인 삶을 살고자 하는 사람들은 혼자서는 해낼 수 없는 일을 실현하기 위해 서로 협조하죠. 그래서 모든 사람이 뛰어난 능력을 키우려고 합니다. 대의를 위한 연대는 훌륭한 결과로 이어집니다.

"미소는 어느 상황에서도 중요하다.

미소로 돈을 받고, 미소로 보상받으며, 미소로 활기가 생긴다."

_〈어느 인질에게 보내는 편지〉, 앙투안 드 생텍쥐페리

어린 왕자와 다시 만나다

─── 눈부신 길잡이 ───

프랑스 시인 르네 샤르(René Char)는 "우리는 미래를 내다볼 수 없다. 하지만 우리에게는 눈부신 길잡이가 있다."라고 썼습니다. 암막 커튼을 친 방처럼 짙은 암흑 속을 걷는 동안에도 희망이 사라지지 않도록 눈부신 길잡이가 모습을 드러냅니다. 인간의 가장 아름다운 마음씨가 그 순간에 환히 어둠을 밝힙니다.

먼저 불을 켜는 건 우리의 감성입니다. 어떤 불행한 사건, 어떤 안타까운 사연에 접한 우리는 걱정하고 염려하는 마음, 측은지심을 불러일으킵니다. 아장아장 걷던 아이가 고층 아파트 난간 철창으로 다리를 뻗으면 누구나 절박하고 애끓는 심정을 느낍니다. 사실, 대개는 이런 감정을 의식할 겨를도 없이 몸이 반사적으로 아이에게 달려가게 되죠.

스피노자는 우리의 행동하는 힘은 세상에 영향 받는 능력에 달려 있다고 했습니다. 칸트는 측은지심은 의지에서 비롯된 실질적 사랑이며 무능과 절망에서 비롯된 동정과는 구분해야 한다고 말했죠.

캘리포니아 스탠포드대학교의 제임스 R. 도티(James R. Doty)에 따르면 측은지심으로 마음을 채우면서 명상에 잠길 때 스트레스는 줄어들고 행복감은 커진다고 합니다. 마티유 리카르(Matthieu Ricard, 프랑스의 과학자 출신으로 수필가이자 철학자. 현재는 티베트의 승려다. - 옮긴이)를 포함해 수도자들의 뇌를 분석한 결과입니다. 여러분도 너그러운 사랑(metta, 자비)에 대해 명상하면서 자신을 시험해볼 수 있습니다. 우선 자신에게 안타까운 마음, 불쌍히 여기는 마음, 사랑하는 마음을 가져보고, 그 후에는 타인에게 측은지심이 가득한 의지를 발휘하면 가슴은 쉽게 행복으로 차오릅니다.

불교에서는 '카루나(karunā)'라는 산스크리트어로 측은지심을 표현합니다. 쵸갬 트룽파(Chögyam Trungpa, 티베트 출신으로 서양에 티베트 불교를 알린 선구자 - 옮긴이)는 카루나를 누구에게나 그리고 어디에나 빛을 비추는 태양에 비교했죠. 그런 태양처럼 측은지심은 사람을 만나는 모든 순간에 수평선 너머로 떠오르는 본능적 충동인 것이죠.

자신에 대하여 안타까운 마음을 내는 것, 즉 내면의 상처를 스스로 치유하는 것도 본능에 잠재된 측은지심을 일깨워 스스로의 본성을 실현하는 좋은 방법이 됩니다. 그렇게 측은지심이 실현된 후에 비로소 타인에게도 마음을 열게 됩니다. 한번 잠에서 깨어난 자아와 영혼은 이제 더욱 기지개를 켜며 자리를 박차고 일어나게 됩니다. 한번 구르기 시작한 바퀴는 멈추는 법이 없습니다. 그는 이제 사회에 더욱 이바지하고 의미 있는 삶을 만들어갑니다.

대부분의 종교에서는 측은지심을 바람직하고 고결한 삶에 필수적 요소로 봅니다. 같은 맥락에서 측은지심을 연대로 나아가기 위한 출발점으로 삼기에 충분합니다.

측은지심을 중심축으로 이제 겸손, 진실함, 상부상조, 존중, 인정과 같은 여러 가치들이 살이 되어 바퀴를 이룹니다. 인간은 종종 개인의 힘으로 이겨내기 힘든 불행 앞에 서게 됩니다. 혼자서는 도저히 이겨낼 재간이 없다는 사실을 깨닫는 순간에 이르죠. 그때 인간 존재의 나약함을 겸허하게 인정하게 되고, 비로소 창의성을 발휘해 공동 대처 방안을 찾을 수 있는 기회를 만들게 되죠.

연대의 다른 이름은 서로 기대어 살기입니다. 세상 누구도 홀로 존재하는 것은 결코 없습니다. 모든 것은 다른 모든 것에 기대어 살아가죠. 가령 인간은 호흡하는 데 공기가 필요하고 꽃들은 수분하는 데 곤충이 필요합니다. "어떤 것도 홀로인 것은 없다. 모든 것이 연결되어 있다."는 빅토르 위고의 말처럼 말이죠.

서로 기대어 살기는 살아 있는 모든 것들의 속성입니다. 우리 또한 서로 기댄 채 하나의 커다란 인간 연대망을 이룹니다. 그러므로 누군가에게 언제든 손을 내밀 수 있고, 누군가도 내게 손을 내밀 수 있다는 점을 알아야 합니다. 개미나 꿀벌처럼, 결속과 협력의 중요성을 우리보다 먼저 알고 있던 다른 생명체들을 본받아야 합니다.

"각자는 모두에 대한 책임이 있다."

_ 〈전시 조종사〉, 앙투안 드 생텍쥐페리

─── 서로를 치유하는 나무들 ───

생텍쥐페리는 인간과 그 성장을 주제로 논할 때 으레 나무를 은유적으로 사용했습니다. 〈성채〉에 이런 구절이 있죠. "내가 본 가장 곧은 나무들은 그저 자유롭게 자란 나무들이 아니다. 서둘러 자란 것이 아닌 빈둥거리고 뒤틀리며 하늘을 향한 나무들이다."

나무도 인간처럼 생로병사를 겪습니다. 한 알의 씨앗에서 위풍당당한 식물로 자랍니다. 성장의 과정은 매 순간이 고통입니다. 흙, 공기를 비롯하여 중력과 같은 환경이 장애물로 작용합니다. 나무는 위로 뻗어가는 가지들만큼 땅에 뿌리를 박습니다. 보이는 세계로 가지를 뻗어 성장하는 만큼 보이지 않는 세계로 뿌리를 뻗으며 성장합니다.

인간도 나무처럼 그 씨앗 안에 모든 것이 담겨 있습니다. 다만 인간에게는 씨앗과 같은 잠재력을 깨워주는 부모나 교사가 필요합니다. "아이들에게 줄 수 있는 것은 두 가지뿐이다. 바로 뿌리와 날개다."라는 유태인 속담처럼 말입니다. 어른이 되고 무언가 책임지게 되면 삶의 경험, 인식 그리고 지식의 발전을 통해 잠재력을 스스로 키워야 합니다. 나무가 자라는 데 빛이 필요하듯 인간이 성장하기 위해서도 존재를 빛내줄 무언가를 키워야 하죠.

근래 과학적 연구들을 통해서 우리는 나무가 서로 소통한다는 사실을 알게 됐습니다. 위험이 닥치면 주변 나무들에게 이를 알리고 한 나무가 아프면 주변의 모든 나무가 자양분과 영양분을 아픈 나무의 뿌리로 보냅니다. 한 그루를 치유함으로써 모두를 돌보기 위해서는 상대를 걱정하며 공동체로 그리고 근본으로 돌아가야 합니다. 우리에게 없어서는 안 될 연대의 가장 훌륭한 예입니다.

——— 당신은 내가 몽상가라고 생각할지 몰라요 ———

커플, 가족, 소모임은 연대가 시작될 수 있는 출발점입니다. 미국의 인류학자인 마거릿 미드(Margaret Mead)는 "서로 연결된 의식 있는 그룹은 그 규모가 작더라도 세상을 바꿀 수 있다는 점을 의심해서는 안 된다. 모든 것이 그렇게 만들어졌기 때문이다."라고 말했습니다.

장미를 돌보았고, 여우를 길들였던 어린 왕자에게는 너무도 자연스럽고 당연한 이야기입니다. 어린 왕자는 행성을 지키는 방법, 관계를 만들어가는 방법이 늘 관심사였고, 무엇보다 행동하는 사람이었습니다.

인간의 본성에 대해 더욱 자세히 배우고 이해하려고 더 멀리 나아갈 필요는 없습니다. 크리스마스 저녁에 가난한 이웃을 초대해 정중하게 음식을 대접하는 과정에서 내 안에 숨어 있는 측은지심을 이끌어낼 수 있습니다. 타인에게 관심을 가지고 마음으로 서로 연결되면 우리는 서로를 발견하고 서로를 더 잘 이해하게 됩니다. 그렇게 손을 내밀어 세상을 조금이라도 아름답게 만드는 데 도움이 될 수 있습니다.

존 레논의 노래 〈Imagine〉의 가사에서도 손을 내밀어 연결된 '우

어린 왕자와 다시 만나다

리'를 발견할 수 있습니다.

You may say I'm a dreamer

당신은 내가 몽상가라고 생각할지 몰라요

But I'm not the only one

하지만 나만 이러는 게 아니죠

I hope someday you'll join us

언젠가 당신도 우리와 함께하길 바라요

And the world will live as one

그러면 세상은 연결된 하나가 되겠죠

어른의
오랜 잠에서
깨어나기

인간의 제국은 내면에 있다.

_〈인간의 대지〉, 앙투안 드 생텍쥐페리

의식이란 우리 자신과 우리 주변의 세계에서 무슨 일이 일어나는지 주관적으로 파악하는 정신 능력을 일컫습니다. 안으로만 침잠하는 것도 아니고, 밖으로만 시선을 던지는 것도 아닙니다. 안과 밖 양쪽 모두를 느끼고 있는 정신 상태를 의미합니다. 달리는 '깨어 있음'이라고 표현하기도 하죠.

의식이 무엇인지 조금 더 가깝게 떠올려 보기 위해 우리는 '내 안에 있는 관찰자'를 생각해볼 수 있습니다. 이 관찰자는 자기 자신을 의식할 수 있는 존재입니다. 나를 대상으로 삼고 바라보는 순간이 있습니다. '내가 지금 뭐하고 있는 거지?'라고 스스로의 행동에 의구심을 일으킬 때 나는 지금 나를 보고 있다는 말이죠. 특히 그때의 감정이 '어이가 없네.'가 아니라 말 그대로 지금의 행위가 무의미하거나 너무 습관적이라고 느낄 때 바로 그 순간이 '깨어 있음'의 순간으로 잠자던 의식이 활성화된 상태가 되죠.

의자에 앉아서 편안함을 느낄 때, 그 '편안함'이 마음을 가득 채우고 있다면 그건 '깨어 있음'의 상태가 아닙니다. 대신 편안함을 느끼는 '나'에 주목할 때 그때 나는 '깨어 있는 상태'가 되는 것이죠. 마찬가지로 지금 이 책을 읽고 있으며 책의 내용이 마음을 가득 채우고 있다면, 물론 좋은 독서 행위임에는 틀림없지만 그건 아직 '깨어 있음'이 아닙니다. 책을 읽고 있는 '나'를 의식하는 것이 '깨어 있음'이 됩니다. 그와 같은 의식의 활성화 상태에서 우리는 보다 사태를 명료하게 볼 수 있습니다.

그런데 이런 의식 상태를 방해하는 것들이 있습니다. 우리의 사상, 생각, 믿음이 필터처럼 마음을 덮고 있어 우리 눈을 혼란스럽게 만듭니다.

어린 왕자와 다시 만나다

"진리란 세상을 단순하게 만드는 것이지 혼란스럽게 하는 것이 아니다."

_ 〈인간의 대지〉, 앙투안 드 생텍쥐페리

—— 똑똑똑, 잠에서 깰 시간입니다 ——

우리의 의식이 다른 것에 지배받지 않고 우리 편이 되려면, 또한 자기 자신을 잘 인지하고 행동으로 옮기려면, 나아가 선과 악을 바르게 구별하려면 불편하더라도 의식을 깨워야 합니다.

어린 왕자가 만약 지금 지구에 도착한다면 잠들어 있는 우리를 발견할지 모릅니다. 그런 우리를 보고 어린 왕자는 질문 세례를 퍼부을지 모릅니다. 왜 당신들은 행복하지 않나요? 왜 당신들은 서로 싸우나요? 왜 당신들은 사과하는 것을 어려워하나요? 왜 당신들은 지루해하나요? 왜 당신들은 그렇게 스트레스를 받나요? 왜 당신들은 쏜살같이 지나가는 이 삶에 감탄하는 것도 잊은 채 작은 화면 앞에서 자신을 바보로 만드나요?

그런 질문을 들으면 당신은 뭐라도 답을 하고 싶어서 입이 근질근

질해질까요? 그러나 어린 왕자의 질문은 답을 구하는 게 아닙니다. 당신이 질문에 답을 하면서 스스로 보호막을 치기를 바라는 게 아닙니다. 진짜 '왜?'가 궁금한 게 아니고, 일종의 권유를 하는 것이죠. 잠에서 깨어나세요.

"하나씩 하나씩 지배적인 모순으로 옮겨가면서 나는 의문의 침묵과 은총을 향해 나아간다."라고 생텍쥐페리는 〈성채〉에 썼습니다. 〈어린 왕자〉에는 '어른'이라는 표현으로 대변하는 모순의 세계가 펼쳐집니다. 별 사이를 탐험하지도 않은 채 지도를 그리는 사람도 있고, 신하가 없는데 왕인 사람도 있습니다. 박수갈채를 받지 않으면 불행에 빠지는 사람도 있고, 술을 마시며 음주의 부끄러움을 잊는다는 주정뱅이도 있습니다. 이들은 모순 그 자체를 의미합니다. 그러나 자신이 모순에 지배되고 있다는 사실을 모릅니다. 가장 먼저 내가 어떤 모순에 지배받고 있는지, 그 모순이 본질적인 모순인지 차츰 파헤쳐 가야 합니다. 이를 위해 질문이 필요합니다. 어린 왕자처럼 '왜 당신은 행복하지 않은가요?'라고 질문을 던지면서 모든 게 시작됩니다. 그러나 그 질문은 답을 얻는 게 목적이 아닙니다. 행복한 자에게는 '나는 왜 행복하지 못한가?'라는 질문이 떠오르지 않듯이 질문 자체를 사라지도록 만드는 것이 핵심이죠. 질문이 더 이상 소리를 내지 못하도록,

어린 왕자와 다시 만나다

즉 침묵 속에 빠지도록 만들어야 합니다. 이런 사실을 알고 질문을 던지는 것, 그게 깊은 잠에서 깨어나는 최초의 자각입니다.

아직 잠에 빠져 있는 사람은 어떤 사람일까요? 검증되지 않은 '믿음'을 의심 없이 받아들이고 있는 사람, 마치 건들면 독침을 쏘는 전갈이나 종을 울리면 침을 흘리는 파블로프의 개처럼 동물적이며 사회적 본능에 따라 부여받은 '조건' 속에서 두려움과 공포를 느끼며 살아가는 사람, 인생은 자기가 아는 범주 안에서 '결정'되어 있다고 여기는 사람들입니다.

당신이 고수하는 믿음이 지금의 당신에게 도움이 되나요? 아니면 깊이 잠재된 나의 본성이 자라거나 내 존재의 자유를 억압하고 있지는 않나요? 가령 진실한 사랑은 존재하지 않는다고 믿나요? 삶은 늘 고통의 연속이라고 생각하나요? 아니면 그보다 더 나쁘다고 생각하나요?

비판적 사고를 거치지 않고 막연히 진실이라고 믿고 있는 생각이 있다면 신중을 기해야 할 때입니다. 내 마음에 아무 검증 없이 침투한 생각들이 내 미래를 제멋대로 만들 수 있기 때문입니다. 문지방을 밟으면 재수 없는 일이 벌어진다고 믿는 사람은 문을 통과할 때마다 그가 믿는 불행한 미신에 온 신경을 쏟는 나머지 문 너머의 세계에 존재하는 아름다움을 놓치게 됩니다.

우리는 무의식적이고 반사적인 행동처럼 몇몇 조건에 갇혀 있기도 합니다. 동물적 본능이거나 사회문화적인 요인들이 우리를 강력히 지배하기 때문입니다. 식탁 모서리나 바늘, 풍선 등에 대해서 강박적 공포증을 느끼는 포비아가 좋은 예죠.

라틴어 'determinare'에서 파생된 결정론(déterminisme)은 '경계를 짓다, 제한하다'라는 의미입니다. 이 결정론이 우리의 책임감을 약화시키고 자유에 저항하면서 우리를 속박합니다. 실제로 우리에게는 자유의지도 없고 의욕도 없다고 우리로 하여금 믿게 만들죠. 이미 사태를 마주하기 전부터 모든 게 결정되어 있다고 믿는 사람도 있는 반면, 자신이 틀에 갇힌지도 모른 채 나는 자유롭다고 말하는 사람도 있습니다. 그러나 이 둘은 결정된 세계 안에 머물고 있다는 점에서 별다른 차이가 없습니다. 한 명은 결정된 세계를 믿고 있고, 한 명은 자유라고 생각하지만 그 자유가 강력한 중력 안에 놓여 있다는 사실을 의식하지 못합니다. 스피노자는 이렇게 말했습니다. "인간은 자신이 자유롭다고 느낀다. 그는 자신의 욕구를 인식하지만 이 욕구를 일으키는 원인에 대해서는 무지하기 때문이다."

깨어 있기를 원한다면 우선 삶의 속도를 늦춰야 합니다. 그리고 사

어린 왕자와 다시 만나다

태로부터 한 걸음 떨어져서 나에게 무슨 일이 일어났고 무엇이 나를 이끄는지 관찰해야 합니다. 깨어남은 변화로 가는 열린 문입니다. 무엇보다 우리는 나를 얽매고 있는 것을 바라보고 인정할 수 있어야 합니다. 그래야 변화의 길로 접어들 수 있습니다. 이 길에 올라타기 위해서는 현실을 직면하되 긍정적인 마음을 갖는 게 필요합니다. 변화에 대한 갈망을 키우며 현실에 맞서는 것이 가장 바람직해 보입니다.

자신에 대해 성찰해본다면 여러분은 어떤 결론을 얻게 될까요? 여러분은 현재 충만한 삶을 살고 있고, 어떤 생각이나 습관적 행동에 얽매임 없이 자유로우며 여러분의 존재적 깊이에 어울리는 삶을 살고 있다고 느끼나요? 아니면 바람 부는 대로 이리저리 휩쓸리는 삶에 익숙해져서 삶을 바꿀 힘이 없다고 여기고 있나요?

그래 봤자 무슨 소용이 있냐고 일부 사람들은 말합니다. 이런 생각이 그들을 방어적으로 만들고 운명을 받아들이게 만듭니다. 할 수 있는 일이 없다고 믿기 때문에 상황을 바꿔보려는 시도조차 하지 못하는 것이죠. 그런데 미국 소설가 마크 트웨인(Mark Twain)은 이렇게 말했죠.

"불가능하다는 것을 몰랐기 때문에 할 수 있었다."

만일 '불가능하다'는 생각이 편견 혹은 환상이었다면? 그렇다면 그의 말은 이렇게 바꿀 수 있습니다.

"불가능하다는 생각은 잘못된 환상이다. 이 환상을 버리면 할 수 있다."

생텍쥐페리는 〈전시 조종사〉에서 "무엇이 되어야 하는가?"라고 물은 뒤 이렇게 답합니다.

"불이 되어야 한다!"

우리 안에서 타오르는 삶의 불씨, 즉 근본적인 위대함, 존재를 꽃피우는 인간의 지혜에 대한 본능적 욕망을 키워야 합니다. 두려움에 벌벌 떨며 장벽을 치거나 타인과 자신을 비교하는 늪에 빠지는 등 존재의 본질로 나아가는 길을 막으려는 변덕스러운 자아로부터 우리를 자유롭게 하는 것이 바로 내면의 충동입니다. 그 충동에 귀를 기울이고, 잠자는 의식의 눈을 뜬 뒤 이 작은 자아를 달래고 안심시킬 때 함께 팀을 꾸릴 수 있습니다. 작은 자아가 참새처럼 조잘거리는 말을 가만히 들어주고 받아들여주면서 존재는 성장의 길로 첫걸음을 떼게 됩니다.

──── 아는 것을 넘어서 ────

체중계만 보면 위축되는 사람이 있다면 우리는 어렵지 않게 그가 어떤 생각에 사로잡혀 있는지 짐작할 수 있습니다. 반면 깨어 있는 사람은 어떤 생각에 머무르지 않기 때문에 체중계를 다이어트나 자괴감과 분리시켜서 바라보게 됩니다. 사물과 감정이 분리되면 그 틈으로 낯섦이 들어섭니다. 매일 접하던 익숙한 사물이 낯설게 보이기 시작하죠. 이 낯섦을 받아들이는 것은 우리에게 매우 이롭습니다. 내가 이 사물을 제대로 알지 못했구나 하고 무지를 겸허히 받아들이고 사물을 보는 새로운 가능성이 열릴 때 그는 비로소 삶의 여정을 떠날 준비가 됩니다. "삶의 모든 여정은 무지에서 앎으로, 어둠에서 빛으로, 미완성에서 완성으로, 무의식에서 의식으로, 두려움에서 사랑으로 나아가는 길이다." 프레데릭 르누아르의 말입니다.

깨어 있음은, 근거 없이 옳다고 믿는 우리의 생각들을 버리는 데서 시작합니다. 찰거머리 같은 어떤 생각들이 머리에서 떠나지 않은 채 '이건 이거야, 저건 저거야' 하고 확정적으로 생각하지 못하도록 철저히 떼어버려야 하죠. 우리는 작은 지식을 붙잡고 '세상은 원래 이래.'라고 믿고 사는지도 모릅니다. 어쩌면 낯선 사물을 낯선 상태 그대로

어린 왕자와 다시 만나다

두는 걸 매우 불안정하다고 느끼기 때문인지 모릅니다. 그래서 어떻게든 빨리 내가 아는 그 생각 속으로 편입시키려고 하죠. 그렇게 사물에 대한 왜곡된 이미지, 곡해된 정보가 강화됩니다. 내 생각 속의 그 사물과, 실제의 사물 사이에 괴리가 발생합니다. 따라서 사물을 사물 자체로 대하려면 '그건 내가 생각하는 그게 아니다'라는 생각부터 시작해야 합니다.

불교의 경전 〈금강경〉에는 멋진 가르침이 있습니다. "부처는 부처가 아니다. 그래서 부처라고 부른다." (실제의) 토마는 (내가 생각하는) 토마가 아닙니다. (이제 '토마'는 고정된 이미지가 아니라 하나의 가능성을 품고 있는 '토마'가 되었고, 나는 그 '가능성의 토마'를) 토마라고 부릅니다.

부처나 토마만 그런 건 아닙니다. 모든 사물 심지어 현실도 마찬가지죠. 현실이란 '지금 내가 얼핏 생각하는 그 모습 그대로의 현실'이 아닙니다. 그렇게 현실은 고정된 모습이 아니라 가능성을 가진 현실로서 우리 앞에 놓이게 됩니다.

고대 그리스의 헤라클레이토스가 말한 '판타 레이(만물은 유전한다)'라는 말은 '모든 것은 흐른다' 혹은 '모든 것은 지나간다'라고 해석할 수 있습니다. 무슨 말일까요? '이건 분명히 내가 너무 잘 알고 있는 거야'라고 말하는 순간, 그 무엇은 다시금 시간과 함께 좌표를 이동하며 의미망이 달라져서 더 이상 '내가 아는 그 모습 그대로' 존재하지 않게 된다는 얘기죠.

그 시선을 당신 자신에게 돌려보세요. 당신은 자신이 알고 있는 그 모습보다 훨씬 더 큰 존재라는 게 느껴지나요? 삶은 그 자체로 위대하고 무한한 가능성을 가지고 있다는 말이 막연히 나누는 덕담이 아니라 철학적 근거에 의한 확실한 진리의 표현임을 느낄 수 있나요? 그런 삶을 단순히 우리가 살면서 갖게 된 작은 지식이나 경험으로 축소하는 것은 부끄러운 일입니다. 우리 눈을 가리고 있는 것을 치워버릴 때입니다.

—— 차를 마실 때는 차만 마셔라 ——

수업종이 울리면 선생님들이 출석부를 부릅니다. 이름이 불리는 순간 우리는 "네!" 하고 대답하죠. 이런 부름과 응답은 일상적 질서 안에 갇혀 있습니다. 그래서 기계적인 반응이라고 말합니다. 의식의 깨어있음, 존재의 충만함은 이런 일상적 틀을 벗어납니다.

어린 왕자와 다시 만나다

상념에 젖어 있거나 걱정, 고민 때문에 마음이 어지러울 때 우리는 의식을 가진 것도 아니요, 존재하는 것도 아닙니다(나는 깨어 있다, 나는 존재한다!). 의식은 집중을 필요로 합니다. 주의력을 조절해야 의식에 가까이 접근할 수 있습니다. 그러지 않으면 우리는 분열되고 흩어져 본질을 포착하지 못하게 되죠.

"차를 마실 때는 그저 차만 마셔라."

선불교의 스승인 틱낫한은 이렇게 권유했습니다. 마음을 침묵시키고 한 가지 일에만 집중한다면 적당히 긴장한 상태, 즉 우리를 평온하게 하고 깨우쳐주는 예민한 의식에 이를 수 있다는 것이죠.

마인드풀니스(mindfulness)로도 불리는 '마음 챙김'은 현재의 순간에 집중하며, 왔다가 사라지는 감정과 생각들을 관찰하는 것입니다. 판단하지 않고, 예상하지 않은 채 우리가 경험하는 것에 모든 주의를 기울이는 것이죠. 불필요한 것을 배제하고 본질만을 남기면서 우리를 더욱 의식적으로 만드는 수용, 관찰, 주의에 대한 훈련이 중요합니다. 이를 통해 우리의 마음은 평온해지고 마음을 이끄는 의식의 목소리를 주의 깊게 들을 수 있죠.

마음 챙김은, 자신의 감정에 집중하는 데서 시작되어야 합니다. 짜증, 충격, 슬픔 혹은 기쁨을 느낄 때 그 순간 잠시 멈추고 우리에게 일어난 일과 지금 내 감정을 가만히 들여다보는 것이죠. 그렇게 주시하다 보면 문득 웃음이 터질 수 있습니다. 그렇게 감정으로부터 벗어나고, 그렇게 문제로부터 자유롭게 됩니다. 의식이 완전히 깨어나죠.

"광물층 위에서 꿈이란 곧 기적이다."

_ 〈인간의 대지〉, 앙투안 드 생텍쥐페리

—— 자유롭게 ——

흘러가게 두는 것, 집착하지 않는 것, 분리되는 것 그리고 거리를 두는 것은 우리를 점점 더 의식적이고 더 자유롭게 합니다. 우리 본질에 다가가기 위해 자신에게 집중하는 것은 더 많은 의식과 자유로 향하는 길입니다.

우리는 종종 소망을 이룰 때 자유를 획득할 수 있다고 믿는 경향이 있습니다. 우리가 원하는 것은 정확히 무엇일까요? 좋은 삶? 행복한 삶? 그런데 좋은 삶이 무엇인지 알려면 소크라테스의 말처럼 무엇보

어린 왕자와 다시 만나다

다 내가 누구인지 알아야 합니다. "너 자신을 알라, 그러면 세계와 신을 알리라."

자기 성찰을 하지 않는 사람들은 플라톤이 암시한 것처럼 이중무지에 빠져 살게 됩니다. 무지라는 눈가리개로 앞을 가린 것도 모자라 환상이라는 장막까지 치는 것이죠. "너는 가장 중요한 것들을 모를 뿐만 아니라 더욱 심각하게는 모르면서 알고 있다고 믿는다." 소크라테스가 던진 일침은 알키비아데스만을 향하는 것은 아닙니다.

현실은 계속 변하고 있다는 사실을 인지하는 가운데 질문을 던지세요. 현실이 변화 속으로 흘러가게 하는 것은 우리 책임입니다. 다른 모든 것과 마찬가지로 자유도 고정된 것이 아닙니다. 모든 건 언제든 의문을 허락합니다. 자유롭게 되기 위해서는 프랑스 철학자의 말처럼 무지로부터 벗어나야 합니다. 다행히도 인식의 저변이 넓어질수록 발견과 배움의 기회는 더욱 확대됩니다. 그렇게 우리는 무지에서 점점 멀어지게 됩니다.

"인간은 반죽해야 할 밀랍이다."

_ 〈야간 비행〉, 앙투안 드 생텍쥐페리

소크라테스는 "시험받지 않는 삶은 살 가치가 없다."라며 재판관들에게 일침을 가했습니다. 모든 선택은 자신에게 달려 있습니다. 자신의 정신과 시간을 어떤 인생의 항로로 들어서게 할지는 모두 자신이 선택하는 가치에 달려 있는 일이죠.

물론 인간은 유한하고, 나약한 존재입니다. 그러나 단지 유한하고 나약한 존재만은 아닙니다. 프랑수아 라블레는 인간은 그 본성의 유한함을 인식하기 때문에 인간의 본성은 겸손하다고 언제나 말해왔습니다. 파스칼도 인간은 나약할 뿐 아니라 나약하다고 인지하는 능력이 있다고 생각했습니다. 그들은 단지 내 수명에 한계가 있고, 내 앎에 한계가 있으며, 언제든 불어오는 바람에 몸을 누일 수 있다는 사실에 방점을 찍고 끝낸 게 아닙니다. 인간이 그 사실을 인식할 수 있다는 점에 더 주목했죠. 이 인식은 유명한 기도문의 구절처럼 길을 열어줍니다.

"신이시여, 바꿀 수 없는 것을 받아들이는 평정과 바꿀 수 있는 것을 바꾸는 용기와 그리고 이 둘을 분별할 수 있는 지혜를 주소서."

평정과 용기 그리고 지혜는 우리가 유한하기 때문에, 나약하기 때문에 가질 수 있는 선물입니다.

이 세 가지 미덕에 기대어, 우리는 어린 왕자처럼 질문을 던지는 진

어린 왕자와 다시 만나다

리 탐구자가 되어야 합니다. 의식을 일깨워 자신에게 질문하고 자신을 이해하려고 애써야 합니다.

"위대한 사람들은 모두 처음에는 어린아이였어. 하지만 그때를 기억하는 사람은 거의 없지."

내 안의 어린아이를 되살려 그 순진무구함으로 진리를 발견할 때입니다.

마음의
빛을
찾아서

나는 늘 사막을 좋아했어요.
모래 언덕 위에 앉아 있으면 아무것도 보이지 않고
들리지 않아요. 그렇지만 무언가가 조용하게 빛을 발해요.

_〈어린 왕자〉, 앙투안 드 생텍쥐페리

섭리. 어떤 이에게는 진부한 주제일 수 있고, 어떤 이에게는 민감한 사안일 수 있는 이 단어는, 그러나 최소한 어린 왕자에게는 아름답고 소중한 언어입니다. 어린 왕자의 표현을 빌리자면 '조용하게 빛을 발하는' 그 무언가란 우리가 섭리에 눈을 떴을 때 보게 되는 어떤 것을 의미합니다. 이것은 덮어놓고 신앙을 요구하는 종교가 아니라 내게 위로가 되는 그런 개인적인 믿음과 관련이 깊습니다. 자기 마음에 가만히 귀를 기울일 때 들려오는 삶의 리듬이 있습니다. 그 리듬에 맞춰 살아가는 것, 즉 삶이 원래 흘러가는 그 빠르기에 맞춰 함께 걸어가는 것이 바로 섭리를 따르는 삶입니다.

'예견'을 뜻하는 라틴어 'providentia'에서 파생된 '섭리(providence)'라는 말은, 키케로가 '앞에'를 뜻하는 'pro'와 '보다'라는 의미의 'videre'를 합쳐 만든 신조어입니다. 이 말을 만든 키케로에 따르면 섭리란 한 발 먼저 가서 본다는 뜻입니다. 가령 느릿느릿 흐르는 강물을 따라 시선을 옮기다 보면 우리는 이 강물이 종국에는 바다로 향한다는 사실을 깨닫게 되죠. 이처럼 섭리를 안다는 것은 강물의 흐름을 읽어낸다는 뜻입니다. 내 고집대로 강물이 가기를 바라는 게 아니죠. 기왕이면 강물이 왼쪽으로 길게 돌아가면 좋을 것 같다고 느낄지도 모릅니다. 기왕이면 강물이 빠르게 직선으로 흘러가면 좋겠다고 생각할 수도 있습니다. 그러나 강물은 우리의 생각과 별개로 주어진 방식대로, 주어진 길대로 흘러가기 마련입니다. 때로는 지류를 만나 넓어지고, 때로는 낙차를 만나 급류가 되기도 합니다. 우리의 바람과 상관없이 강물은 본래의 의지를 따라 흘러갑니다. 그래서 때로는 삶이 나를 배신하는 것처럼 느껴지기도 하지만 섭리의 관점에서 바라본다면 우리 뜻을 주장하는 것보다 본래의 흐름을 따르는 것이 도리어 우리에게 보다 긍정적인 결과, 즉 발전으로 향하는 길이 됩니다. "인간이 대충 만들어 놓은 것을 완성하는 것은 신의 손길이라는 것을 배워야 하

어린 왕자와 다시 만나다

지.” 셰익스피어는 〈햄릿〉(제5막 2장)에서 우리 삶을 완성하는 것을 섭리라고 말합니다.

기원전 3세기경 스토아학파의 창시자인 키티온의 제논은 일찍이 자연과 일치된 삶을 제안했습니다. 자기 자신이 되는 일, 제자리를 찾는 일, 자신을 둘러싼 세계와 조화를 이루는 일이 중요하다고 그는 생각했죠. 제논의 생각은 400년 뒤인 에픽테토스에게 이어집니다. “일이 있는 그대로 일어나기를 원하라.” 아마도 ‘케 세라 세라’를 떠올렸다면 그것도 좋습니다. ‘될 대로 되라’라고 흔히 해석되는 이 말은 자포자기 심정을 표현하는 게 아니라 일이 원래 이루어져야 하는 그 방식대로 이루어지라는 뜻이죠. 역시 섭리에 대한 긍정적인 받아들임을 말하고 있습니다.

에픽테토스의 〈엥케이리디온〉(제17장)에는 삶이 내게 부여한 역할을 수행하는 것이 얼마나 중요한지 비유를 통해 표현한 대목이 있습니다.

“너는 작가가 만든 한 연극에 등장하는 배우일 뿐이라는 것을 기억하라. 길든 짧든 그의 의지대로 너를 등장시킬 것이다. 네가 거지 역할을 하길 그가 바란다면 너는 거지가 되어야 한다. 절름발이를 원하면 절름발이가 되고, 관리나 혹은 평민을 원하면 관리나 평민이 되라.

그가 무엇을 원하든 너는 그의 뜻에 따라 연기해야 한다. 너에게 주어진 역할을 다하는 것은 너의 몫이고 너를 선택하는 것은 다른 사람의 몫이기 때문이다."

에픽테토스는 그렇게 주어진 역할을 수행하는 동안 행복을 맛볼 수 있다고 말합니다. 이런 생각은 스피노자에게서도 똑같이 발견됩니다. 이들에 따르면 행복이란 우리 내면에 감춰진 본성을 발견하여 이를 실현할 때 느끼는 감정입니다. 자기 자신이 아닌 다른 사람이 되려고 발버둥 칠수록 행복은 멀어져 가죠.

삶이라는 연극 속에서 행복을 맛보려면 우리는 섭리에 귀를 기울여야 합니다. 그 섭리에 눈을 뜨는 것은, 생텍쥐페리가 그의 저서에서 언급했던 것처럼 마음으로 신을 받아들이는 일이라고 바꾸어 말할 수 있습니다. 정교회에서는 신화(神化, theosis, 신화란, 하나님과 피조물의 연합 상태를 말하는데 정교회의 교부인 아타나시우스는 인간이 신이 되는 성육신을 주창했다. 정교회에서는 신화를 구원으로 여긴다. - 옮긴이)에 대해 이야기합니다. 오리엔트 정교회의 아타나시우스가 주장한 것처럼 하나님의 성품에 참여하는 것, 즉 '인간이 은총으로 신의 본래 모습이 되는 것'이 신화입니다. 종교적 색채를 씻어내고 본다면 이 개념은 고대 그리스인들이 'metanoia(마음을 바꾸다, 혹은 회개)'라고 부르는 것과 닮아 있습니다. 일상적 경험 속에서 '나'라고 믿고 있던 그 존재를 뛰어넘어 내 안에서 보다 더 큰 나를 발견하는 과정을 의미합니다. 한마디로 애벌레가 나비가 되는 것이죠.

"사랑은 두 팔로 당신의 현재, 당신의 과거, 당신의 미래를 품는다.
사랑의 팔은 당신을 그러안는다."

_ 〈남방 우편기〉, 앙투안 드 생텍쥐페리

——— 춤 ———

이 장을 쓰고 있는 동안, 마들렌 델브렐(Madeleine Delbrêl)의 글이 머릿속을 스칩니다. 프랑스의 기독교 신비주의자였던 마들렌 델브렐은 우리에게 "주여, 저희를 불러 함께 춤을 추게 해주소서."라는 유명한 기도를 남겼죠. 기독교의 신에 국한된 이야기가 아닙니다. 불교나 이슬람교의 신들, 예를 들어 부처와 알라까지 인간은 신이라고 부르는 존재를 통해 자신을 둘러싸고 있는 초월적인 힘을 느낍니다. 그 힘을 느낀 사람은 신과 함께, 삶과 함께 춤을 추게 되죠. 그 순간 우리는 델브렐의 기도문처럼 스트레스 덩어리인 일상에서 벗어나 본래의 나로서 살아가게 됩니다.

"모든 것이 계산되는 체스가 아닌, 모두가 힘든 경쟁이 아닌, 골치가 아파지는 수학 문제가 아닌, 끝나지 않는 축제처럼 우리의 삶을 살게 하소서. 이 축제에서 주님을 다시 만나 영원한 사랑의 노래에 맞춰 주님의 품에 안겨 춤추게 하소서."

춤 하면 힌두교의 위대한 신인 시바(Shiva)도 빠뜨릴 수 없습니다. 시바는 나타라자의 모습으로 우주의 춤을 춥니다. 시바의 춤은 어떤 의미일까요? 시바라는 이름에는 '자비로운', '행운을 주는'이라는 의미가 담겨 있습니다. 시바 신은 새로운 세계를 창조하기 위한 파괴의 신이기도 하죠. 그의 춤사위를 보노라면 삶의 역동성과 변화라는 단어가 자연스럽게 떠오릅니다. 동시에 시바는 보편적인 진리, 절대적인 지식을 가진 요가의 신으로, 제3의 눈으로 물질적 세계 너머를 본다고 알려져 있습니다. 그저 변화만을 따르는 게 아니라 그 안에 불변의 진리까지 가지고 있습니다. 마치 진리 안에서 춤을 추는 것처럼 말이지요.

이 우주의 무용가는 인간에게 삶은 춤과 같아서 이 춤을 통해 모든 것이 탄생하고 어느 날에는 죽게 된다는 것을 명심하라고 말합니다. 동시에 그렇게 춤을 추는 사이 영원에 가까워진다고 덧붙이죠. 순간을 사는 것이 곧 영원을 사는 것이라는 역설이 탄생합니다. 삶에 깊이 몰두한 사람은 앞으로 살 날이 얼마나 남았는지 계산하느라 시간을 허비하지 않을 것 같습니다. "춤을 추며 신을 숭배하면 깊은 영감을 얻게 된다. 해방으로 가는 길은 춤을 추는 자에게 열려 있다." 어느 고대 문서에 적혀 있는 이 글귀는 유한한 삶이라는 족쇄에서 벗어나기 위해서는 유한성 속으로 들어가라고 말합니다.

가만히 돌이켜 보세요. 마지막으로 삶과 함께 춤춰본 때가 언제인가요? 삶이 나를 배신했다고 느끼는 게 아니라 삶의 흐름과 함께 춤을 춰본 적이 언제인가요? 가령 회사를 그만두면서 당신은 우울했나요? 혹은 나의 적성에 잘 맞는 새로운 분야를 찾는 계기라고 여기며 기꺼이 수용했나요? 강물이 굽이칠 때는 모래자락에 잠시 몸을 부딪치는 게 자연스러운 일입니다.

——— 조우 ———

"우연이란 없다. 오직 만남이 있을 뿐." 프랑스 시인 폴 엘뤼아르 (Paul Éluard)의 말입니다. 우연을 가장한 것처럼 우리는 필연적으로 섭리와 마주치게 됩니다. 대개 예기치 못한 상황에서죠. 예를 들면 택시 운전기사와 대화를 나누다가 문득 나를 돌아보게 만드는 한마디 말을 들을 수 있습니다. 우연히 집어든 한 권의 책에서 한 줄기 번개 같은 깨우침을 받을 수도 있습니다.

그런데 이런 일이 자주 벌어지는 것은 아니죠. 마음을 사로잡고 있는 어떤 일이 있기 때문에 삶이 보내오는 신호에 무뎌집니다. 만일 우리가 조금이라도 삶에 주의를 기울인다면 우리 주위에 이런 신호들이 산재해 있다는 사실을 알아차리게 됩니다. 이 신호들은 직접적으로 그 숨은 뜻을 보여주지 않지만 우리를 조심스레 인도합니다. 가령 우연한 기회에 어떤 마을에 대한 기사를 접할 수 있습니다. 그리고 연달아 그 마을과 관련된 글이나 영상물을 접하거나 혹은 그 마을 출신을 만나게 될 수도 있습니다. 그렇게 그 마을이 마음에 자리를 잡아가던 어느 날 그 마을로 여행을 떠나게 되고, 우연히 산책하는 동안 팔려고 내놓은 집 한 채를 발견할 수도 있죠. 집 근처에는 때마침 아틀리에가 있었는데 그 아틀리에를 보는 순간 그는 수채화를 그리며 살고 싶었던 어릴 적 꿈을 떠올릴 수 있습니다. 그런 이미지들이 하나둘씩 모습을 갖춰가면서 그는 미래를 그려가게 되죠.

섭리란, 개인적인 실현으로 우리를 이끌기 위해서 다양한 형태로 그 모습을 드러내는 신호들의 총합이라고 말할 수 있습니다. 그렇다면 이런 신호들에 귀 기울여야 하지 않을까요? 불교인들은 현재 눈앞에 벌어진 사건을 하나의 독립된 사건으로 보지 않고, 수없이 다양한 사건들과의 연결고리 안에서 바라봅니다. 그러므로 어떤 일이든 그 자체로 좋을 것도 없고, 나쁠 것도 없게 되죠. 좋다 싫다, 옳다 그르다는 생각에서 벗어난 시선으로 바라보면 그 사건 안에 담겨 있는 고리들을 발견하게 됩니다. 달라이 라마는 이렇게 말했습니다.

"행운이나 불운을 가지고 태어나는 사람은 없다. 단지 하늘의 뜻을 읽을 줄을 모를 뿐이다."

불교의 인연설처럼 세상 모든 것은 서로 이어져 있고, 서로가 서로에게 종속되어 있습니다. 그래서 신호가 산재할 수 있는 것입니다.

신호 포착을 위해서는 분별력이 중요합니다. 억지로 마음을 내어서는 찾을 수가 없습니다. 마음이 균형 상태에 놓여야 합니다. 자칫 가짜를 붙들고 자신의 나침반으로 삼을 수도 있습니다. 자의적으로 연

결시키거나 화려한 모습에 시선을 빼앗기면 안 됩니다. 연인의 달콤한 목소리를 듣듯이 우리 마음에서 흘러나오는 소리를 들어야 하며, 평정심을 유지한 채 우리에게 주어진 레이더를 활짝 펼치고 신호가 잡히는지 집중하는 것이 바람직합니다. 그러면 우리는 진리를 발견할 수 있고 우리의 직감에 따라 알맞은 행동을 할 수 있죠.

때로는 꿈을 통해, 때로는 예감을 통해 우리는 섭리를 느낄 수 있습니다. 마치 공기와 물, 땅을 눈으로 보고 손으로 만질 수 있듯이 생각보다 쉽게 섭리에 다가갈 수 있습니다. 섭리는 인간이 자신을 외로운 존재라고 느끼지 않도록 돕고, 세계를 관장하는 자비로운 의식이 우리와 함께한다고 느끼게 합니다. 마치 따뜻한 물에 몸을 누이듯이 섭리 안에 있을 때 우리는 편안하고, 고요함을 느낍니다.

아랍, 유태, 인도의 문화에서 부적으로 쓰이는 '파티마의 손'(Hamsa, 함사), 즉 '신의 손'은 섭리 안에서의 삶이 얼마나 따뜻한지 잘 보여줍니다. 유태인들은 이를 '미리암의 손' 혹은 '마리아의 손'이라고 부릅니다. 주로 중동에서 사용하는 이 신성한 부적은 중앙에 눈이 그려진 손의 형태입니다. 은총, 힘, 활력을 의미하며 불운으로부터 인간을 보호한다고 전해지죠. 마치 파티마의 손이 우리를 지켜준다는 믿음처럼 섭리 안에서의 삶도 우리를 잘 지키는 가장 좋은 방법이 됩니다.

어린 왕자와 다시 만나다

불꽃

    섭리 안에서 살아가는 것을 우리는 신과 함께, 진리와 함께 춤춘다고 표현할 수 있습니다. 불꽃이 너울거리는 모습은 마치 춤을 추는 행위처럼 보이기도 하죠. 그래서 종종 섭리를 불꽃에 비유합니다.

    신학에서 말하는 '신데레시스(Synderesis)'는 선을 인지할 수 있는 선천적 능력을 말합니다. 토마스 아퀴나스는 이를 양심의 가책을 느끼게 하는 이성과 지성의 능력이라고 말했죠. 내면의 가장 깊은 곳에서 무언가가 우리의 행동이 잘못됐고 실수를 저질렀다고 말해주는 것은 이 능력 덕분이죠. 인간의 이러한 능력은 우리 안에 자기보다 더 큰 나가 있음을 암시합니다. 서방 교회의 4대 교부에 속하는 히에로니무스의 표현을 따르면 이는 '의식의 불꽃'입니다.

    섭리는 물론 신의 의지로 이해되기도 하지만 너그럽고 지혜로우며 보호하려는 정신으로 받아들이면 좋겠습니다. 물론 우리에게는 자유의지가 있어서 섭리를 받아들일지 말지는 각자의 선택입니다. 그러나 섭리를 수용하는 것을 자칫 운명론자가 되거나 혹은 그래서 나는 섭리를 거부하고 내 인생을 개척하는 사람이 되겠다고 말하는 것은 조금 이상합니다. 이 둘은 균형이 망가진 양극단이기 때문이죠.

스스로를 무능력한 꼭두각시로 여기면서 모든 것을 일방적으로 결정하는 힘이 존재한다고 믿는 것이 비현실적인 만큼, 우리가 모든 것을 할 수 있고 책임질 수 있는 막강한 힘을 가졌다고 믿는 것 또한 터무니없는 소리입니다. 노예적 운명론자도, 낭만적 초월론자도 모두 잘못된 생각에 심취한 것이죠. 이들은 공통적으로 자신들은 인생에 대해서 모르는 게 없다고 말합니다. 그러나 섭리를 이해한 사람은, 내 삶 안에 신호들이 숨어 있으며 이 신호들은 인연에 따라 작동할 뿐 아니라 삶의 뒤편에 숨어서 우리를 성장시킨다는 사실을 받아들입니다. 미리 안다고 단정 짓지 않고, 문틈 사이로 조금씩 보여주는 그 흔적들을 찾으며 인생을 성장시킵니다.

섭리에 대해 천천히 숙고하고 삶에 숨겨진 숱한 가능성을 관찰하며, 특히 우리가 섭리를 대하는 방식을 면밀히 살펴보세요. 우리의 길을 비추는, 은은한 그 빛을 바라보세요.

은은한 빛 속에서 우리는 순수함과 겸손을 발견합니다. 삶 속에서 섭리가 작용하고 있다고 느끼는 순간 비로소 섭리라는 개념이 손에 잡힐 듯 마음에 자리를 잡게 됩니다. 그런 뒤, 우리는 섭리가 속삭이는 소리를 조금 더 잘 듣게 되죠.

어린 왕자와 다시 만나다

"당신의 의견과 반대되고 괴롭히는 것이 있더라도 내버려 둬라.

그것이 당신이 뿌리를 내리고 변화하게 만들 것이다."

_ 〈성채〉, 앙투안 드 생텍쥐페리

——— 내맡김 ———

장-피에르 드 코사드(Jean-Pierre de Caussade) 신부는 〈하나님의 뜻에 따르는 법〉에서 "내맡김의 기술은 사랑의 기술이다."라고 썼습니다. 이 말은 섭리가 우리에게 가르치고자 하는 것 그리고 우리로 하여금 무언가 되도록 하는 그 힘에 자신을 맡기라는 권유처럼 들립니다.

내맡김이라는 말을 무기력과 동일시해서는 곤란합니다. 도리어 내맡김은 용기 그리고 우리가 수긍하여 마음을 연 최고의 지성으로 여겨야 하죠. 몇몇 운명 개척론자들에게는 이런 표현이 난감하게 들릴지 모르지만, 내맡김이란 자비로운 힘에 순종하고 복종함을 의미합니다. 장-피에르 드 코사드 신부가 "신의 행위에 복종하는 것 외에는 지속적인 평화란 없다."라고 말한 것처럼 말이죠.

복종이라는 단어가 거북하다면 '받아들임'이라는 말도 나쁘지 않을 것 같습니다. 프랑스의 문인 루이 라티스본(Louis Ratisbonne)은 "두 손을 모으는 것은 좋은 것이다. 그러나 두 손을 벌리는 것은 더 좋은 것이다."라고 말했습니다. '받아들임'의 이미지를 이보다 완벽하게 표현한 문장도 없습니다. 거부하는 마음을 내려놓고, 우리를 앞으로 나아가고 성장하도록 북돋는 것을 사랑하는 것이 곧 '받아들임'입니다. 인간의 영혼이 성숙해지기 위한 최고의 방법이라고 할 수 있습니다.

우리가 두 손을 벌리면 그 공간 속으로 우리 마음의 진짜 주인이 들어서게 됩니다. 진정한 내맡김은 마음의 정화를 가져옵니다. 그 마음의 주인은, 우리에게 일어나는 모든 일에 동의할 뿐 아니라 고통스럽더라도 이를 버리지 않고 성장의 거름으로 삼죠. 생텍쥐페리가 〈남방 우편기〉에서 "삶이 흘러가는 대로 내버려 둘 때 고통은 느껴지지 않는다. 자신을 슬픔에 맡길 때에도 더 이상 고통을 느끼지 못한다."라고 썼던 것처럼 말입니다.

어린 왕자와 다시 만나다

—— 모든 것이 축복 ——

아기 예수의 테레사(Thérèse)(프랑스 태생의 수녀 테레즈 드 리지외를 일컫는 말. 그는 순결하고 경건한 삶으로 많은 사람의 귀감이 되어 '아기 예수의 테레사'라는 이름으로 불렸다. - 옮긴이)는 "모든 것이 신의 은혜"라고 말했습니다. 좋은 일만 신의 은혜가 아니라 고난과 고통 또한 은혜가 되는 것이죠. 나아가 연이어 고난이 닥치는 것도 섭리가 작용하기 때문이죠. 때로는 너무 힘들어 도무지 이걸 감사하며 받아들여야 할지 헷갈릴 때도 있습니다. 그런데 힘들었던 시기, 비극적인 사건들에서 단 한 가지도 배운 게 없었나요? 우리는 역경 속에서 성장한다는 것을 인정해야 합니다.

'십자고상(못 박힌 예수의 상)'이라고 할 수 있는 인생의 장애물들이 무익한 것만은 아닙니다. 오히려 삶의 재조정을 위한 풍부한 자산이 될 수 있죠. 끔찍했던 이혼 과정, 밤잠을 설치게 했던 실업, 고통스러운 질병을 겪으며 우리는 외로움을 극복하고, 혼자 힘으로도 인생 밭을 경작할 수 있다는 사실을 배웠습니다. 나의 여리고 약한 마음도 알게 되었고, 동시에 미래를 다져나갈 힘을 비축합니다.

"삶이란 우리가 다른 것을 계획하는 사이에 일어나는 것이다." 존

레논의 말입니다. 당신이 내일 뭘 할지 스케줄을 짜는 사이, 섭리는 우리 삶의 시간표를 작성하고 있습니다. 인간은 자신이 위대한 계획의 일부분임을 망각한 채 자기 뜻에 맞도록 계획을 세우는 경향이 있습니다. 그런 이유로 우리 뜻대로 인생이 펼쳐지지 않는 것일 텐데, 어쩌면 그것조차 인간을 가르치고 발전시키려는 섭리의 작용인지도 모릅니다. 유명한 정신의학자인 보리스 시륄니크(Boris Cyrulnik)는 〈불행의 놀라운 치유력〉에서 이렇게 썼습니다. "불행에서 벗어난 사람들에게는 한 가지 미스터리가 있다. 바로 복원력이다. 복원력은 역경을 이겨내고 발전하는 능력을 말한다. 복원력이 있다면 우리는 불행이나 고통을 바라보던 과거의 시선을 바꾸고 고통스럽더라도 감탄을 추구하게 된다."

심리학에는 '역사실적 추론(counterfactual reasoning)'이라는 개념이 있습니다. 철학에 기원을 둔 개념으로 아리스토텔레스나 플라톤의 사상에서도 찾아볼 수 있죠. 역사실적 추론이란, 과거에 일어난 일과 전혀 다른 시나리오를 가정해보는 것입니다. 고난과 역경을 긍정적으로 전환하기 위해서 상상을 동원하는 것이죠. 가령 괴로운 이별을 겪지 않았다면 이만큼 자율적이고 독립적이지 못했을 것이다, 혹은 아프지 않았다면 신앙에 눈뜨지 못했을 것이라고 가정해서 생각하는 것입니

어린 왕자와 다시 만나다

다. 우리는 내면의 삶을 돌보면서 의식 속에서 성장했고 삶과 삶을 구성하는 모든 것을 더욱 사랑하게 되었다고 느끼게 됩니다.

보물은 때로 생각보다 쉽게 찾을 수 있습니다. 누구에게나 이번 생에서 받아야 할 은혜가 있지만, 그러기 위해서는 참여와 관심, 열린 마음과 정신 그리고 사랑에서 비롯된 받아들임이 필요합니다.

테레즈 수녀의 다정한 말처럼 우리 역시 내게 주어진 모든 것이 은혜임을 확인하게 될 것입니다. 대단한 업적을 이룩해야 한다고 생각할 필요는 없습니다. 테레즈 수녀의 말처럼 작은 몸짓, 반걸음의 전진이면 충분합니다. 생텍쥐페리도 그런 마음으로 기도를 한 적이 있었죠.

"신이시여, 작은 전진을 위한 방법을 가르쳐주소서. 저는 기적도 환영도 바라지 않습니다. 그저 일상을 살아갈 힘을 주소서! (중략) 제가 원하는 것이 아닌 제게 필요한 것을 주소서. 작은 전진을 위한 방법을 가르쳐주소서!"

"갑작스러운 계시가 때로는 운명을 바꿔버리는 것 같다.
그러나 천천히 준비된 길에서 만나는 이 계시는
정신력으로 흘낏 보고 말아버리는 정도일 뿐이다."

_ 〈전시 조종사〉, 앙투안 드 생텍쥐페리

신학에서는 소망을 소중히 여깁니다. 기독교인은 소망을 통해서 신의 은혜에 가까이 다가갈 수 있다고 여깁니다. 일상적인 의미에서 소망은 미래에 대한 신뢰감을 말하는데, 모든 것이 잘 흘러갈 것이라는 기대감을 뜻합니다. 물론 인생에 확실한 것은 없지만 우리에게 기반이 되는 더욱 거대한 무언가가 존재한다는 기대이자 경이로운 지성이 있어서 우주의 질서나 아인슈타인이 말한 '보편적 이치'를 설명해줄 수 있다는 믿음, 그게 섭리에 눈을 뜬 자가 갖게 되는 소망입니다.

아우구스티누스는 "영혼의 영혼은 믿음이다."라고 말했습니다. 섭리가 인간의 가장 낮은 곳과 신에게 가까운 가장 높은 곳 혹은 자신 안의 자신보다 더 위대한 것을 연결하는 것이 아닐까요?

믿음과 기대 속에서 인간은 증명할 것도 없고 비교될 것도 없이 더 안정적으로 살아갈 수 있습니다. 단지 자신의 역할을 훌륭하게 해내면서 말이죠. '거룩함의 예언자'로도 불리는 독일의 시인인 안겔루스 질레지우스(Angelus Silesius)는 "장미는 이유가 없다. 장미는 꽃피기 때문에 꽃핀다. 장미는 자신을 신경 쓰지 않으며 자신을 바라보는지 묻지 않는다."라고 말했습니다. 새와 꽃을 비롯한 자연은 우리로 하여금 섭리를 믿게 만듭니다. "공중의 새를 보라. 심지도 않고 거두지도 않고 창고에 모아들이지도 아니하되 너희 하늘 아버지께서 기르시나니 너희는 이것들보다 귀하지 아니하냐."(마태복음 6장 26절)라는 성경 말씀도 있죠.

섭리를 너무 종교적이거나 시대에 뒤떨어진 것으로 여기지 마세요. 이번에는 우리가 섭리에 손을 내밀 차례입니다. 마들렌 델브렐이 제안한 것처럼 "당신이 사랑하게 될 아름다운 무용복처럼 인간이라는 옷을 사랑하고, 마치 없어서는 안 될 보석들처럼 내 삶의 곳곳을 아름다운 것으로 꾸미는 법"을 매일 배우는 것은 어떨까요? 그러면 인내와 애정을 가지고 훌륭한 무용가가 되는 연습을 할 수 있습니다.

내 안에 숨어 있는,
나 아닌 나
발견하기

신이 존재하지 않는다고 해도 상관없다!
신이 인간에게 신성을 부여했으니.

_〈사색 노트〉, 앙투안 드 생텍쥐페리

크게 봐도 경이롭고, 작게 봐도 경이로운 게 있습니다. 우주입니다. 이런 놀라운 세계를 우연의 산물로 치부하기는 어렵죠. 우연이란 단지 '드물게' 일어나는 1회성 사건을 의미합니다. 만약 두 사람이 매일 시장에서 마주친다면 더 이상 '우연'이라고 말할 수 없을 겁니다. 마찬가지로 당장 설명은 힘들어도 되풀이되는 일이 있다면 이를 '우연'이라고 부를 수는 없습니다. 우리가 살아가는 이 세계도 마찬가지입니다. 우연처럼 보이지만 본질적으로 성격이 다른 사건들이 지금도 벌어지고 있으며, 이 사건들은 다른 요소들과 완벽하게 얽혀 있는 모습으로 존재하죠.

빅뱅 이론에 따르면 우주는 140억 년 전 시작되었고, 네 가지 필수적인 힘의 상호작용을 통해 놀라운 균형을 유지하고 있습니다. 네 가지 힘이란 전자기력, 중력 그리고 약한 핵력(약력)과 강한 핵력(강력)을 말합니다. 이 힘들은 우주에서 관찰되는 모든 물리적 현상의 원인으로 지목되고 있죠. 아인슈타인은 서로 다른 4개의 힘을 하나로 통합하는 공식을 찾으려고 했습니다. 그가 통합 공식에 관심을 기울인 이유는 네 가지 힘의 완벽한 균형 때문이었습니다. 만일 이 균형이 조금이라도 무너지면 우주에는 더 이상 아무것도 존재할 수 없다고 생각했기 때문입니다.

양자물리학에서는 원자를 구성하는 아원자(subatomic) 차원에서 모든 존재가 서로 연결되어 있다고 말합니다. 살아 있는 것뿐 아니라 무생물까지 모두 이어져 있죠. 무한히 작은 것에서부터 무한히 거대한 것에 이르기까지, 존재란 존재는 모두 우주의 질서 안에서만 존재를 허락받을 수 있습니다. 이 우주 질서와 존재는 오늘날에도 학자들의 호기심을 자극하고 있습니다. 아인슈타인 역시 아이처럼 눈을 반짝이며 이렇게 말한 적이 있습니다.

"인간은 자신의 지적 능력으로는 이해할 수 없는 것이 존재한다는 것을 인정하고 그 최상의 질서와 불변의 아름다움을 경험한다. (중략) 생명의 영원한 신비에 대해 생각하는 것이 나는 전혀 지겹지 않다. 그리고 나에게는 존재의 비범한 구조를 감지할 수 있는 직관이 있다. 존재를 이해하려는 노력이 부족하면 부족했지, 존재 이유는 삶에서 반드시 드러난다고 생각한다."

한편 저명한 생물학자인 세실 하만(Cecil Hamann)은 이렇게 이야기합니다.

"현미경을 통해 본 물 한 방울부터 망원경으로 본 머나먼 별까지 나는 어디서든 명료한 질서와 정확성에 감탄하지 않을 수 없다. 그 정확성이 너무도 완벽했기 때문에 인간은 일관성을 설명할 수 있는 법칙을 만들 수 있었다. (중략) 이 모든 것 뒤에는 어떤 최상의 존재가 틀림없이 있을 것이다. 법칙들과 질서는 최고의 지성 없이는 존재할 수 없기 때문이다."

볼테르 역시 우주의 창조에 대해서 한마디 거들었습니다.

"우주는 나를 혼돈에 빠뜨린다. 그래서 내가 생각할 수 있는 것은 이것뿐이다. 이 시계가 존재한다는 것과 이 시계는 시계공이 만든 것이 아니라는 사실이다."

아인슈타인이 말한 '존재 이유' 혹은 모든 것을 탄생시킨 힘은 무엇일까요?

우리는 종교를 말하려는 게 아닙니다. 무신론자라도 우주를 만든 그 무엇에 관심을 가질 수 있으며, 스스로 질문을 던지면서 은하수 한복판으로 들어갈 수 있습니다. 물론 생텍쥐페리가 말한 것처럼 "사람들은 (중략) 서둘러 급행열차를 탔지만 자신이 무얼 찾는지는 몰라. 그래서 허둥대며 주위를 빙빙 돌고" 있기는 하지만 말이죠.

근거도 없이 맹목적으로 믿는 것을 우리는 거부합니다. 마찬가지로 우주를 만들고 질서를 부여한 그 무엇에 대해 고민하지도 않고 그저 우연일 뿐이라고 치부하는 것 역시 게으른 처사입니다. 우주를 지배하는 필연적 법칙에 대해 고민하는 것이 운명론을 받아들이는 것 같아서 거부감이 들지는 모르겠지만 그게 우연을 합리화하지는 못하죠. 그럼, 우리는 어떻게 해야 할까요?

"명상과 기도를 가르치세요.

그러면 영혼이 그 안에서 원대해질 겁니다."

_ 〈성채〉, 앙투안 드 생텍쥐페리

어린 왕자와 다시 만나다

――― 하늘을 보는 유일한 동물, 사람 ―――

　동물 중 유일하게 식물처럼 하늘을 바라볼 수 있는 존재가 있습니다. 사람입니다.

　역사책을 펼쳐보면 자연과 신의 존재에 대해 의문을 품지 않은 문명이 없었다는 걸 확인할 수 있습니다. 사후 세계에 대한 믿음을 잘 보여주는 장례 의식의 출현이 이를 잘 보여줍니다. 지구상에 자신들의 흔적을 남긴 최초의 인간들은 종교적 열망에 젖어 망자의 묘에 표식을 남겼습니다. 그들은 죽음에 의미를 부여하고 망자의 생애를 기록했으며, 하늘 저편에 영혼이 살아가는 내세가 있다고 믿었죠.

　선사시대 사람들에게 이 세계는 보이는 것과 보이지 않는 것이 공존하는 공간이었습니다. 그들은 자연과 종교가 분리되지 않은 세계를 살았습니다. '샤먼'이라 불리는 일부 사람들은 인간과 자연의 정령을 매개하고 중재하는 특별한 재능을 가졌다고 여겨졌습니다. 샤먼은 자연이 은밀히 보내오는 징후들을 해석할 뿐 아니라 부락의 미래에 대해 조언하고 사람들을 보살피며 치유했습니다.

　역사학자들과 고고학자에 의해 밝혀진 이러한 역사적 사실들은, 아주 오래 전 어느 시기에 인간에게 하늘을 지향하는 어떤 아이디어가 탄생했으며, 그게 대를 이어 내려왔음을 알려줍니다. 자연스럽게 하늘의 주재자, 곧 신은 인류의 중대한 관심사가 되었습니다.

　세상의 온갖 지식에 관심이 많았던 아리스토텔레스도 신에 대한 고민으로 밤을 새운 사람 중 한 명입니다. 그는 신이라는 개념이 어디에서 왔을지 고민했던 것 같습니다. 그런 그도 하늘을 피할 수 없었습니다. 그는 영혼과 천체 현상으로부터 신의 개념이 탄생했다고 주장했지요. 물론 의미는 조금 다릅니다만, 그의 아이디어는 〈실천이성비판〉의 칸트에게서도 발견됩니다. "그것에 대해 더 자주 그리고 끊임없이 생각할수록 더욱 새로워지고 커지는 경탄과 경외로 마음을 채우는 두 가지가 있다. 그것은 하늘에서 반짝이는 별과 내 안의 도덕 법칙이다."

　하늘, 즉 천체를 바라보는 관점은 조금 다를지 몰라도 분명 우주에 대한 관심은 이성을 지닌 존재의 본능이 아닐까 합니다.

　그러나 한 가지 더 주목할 게 있죠. 이 둘이 공통적으로 천체와 함께 나열한 것, 즉 '영혼' 혹은 '내 안의 도덕 법칙'입니다. 그들이 말하는 영혼과 도덕 법칙이 무엇인지는 여기서 중요하지 않습니다. 대신 인간 안에 있는 그 무엇을 언급하고 있다는 것이 중요하죠. 신 혹은 우주의 법칙은 저 멀리 외따로 존재하는 것이 아니라 인간의 마음과 깊게 연결되어 있다는 생각에 주목해야 합니다.

이 둘을 보다 직접적으로 연결시키는 사람이 있습니다. 프랑스 저널리스트인 마리 드뤼케르(Marie Drucker)와의 인터뷰 내용을 엮은 〈신의 탄생〉에서 프레데릭 르누아르는 이렇게 말합니다.

"신은 인격과 비인격, 초월적이고 내재적인 것으로 동시에 인지된다. 우리는 이에 동화되고 융합된다."

아리스토텔레스 식으로 얘기하면 인격이란 영혼일 테고, 비인격이란 천체가 될 것 같습니다. 역시 초월적인 것이란 천체이고, 내재적인 것이란 인간의 마음에 비견될 수 있죠. 프레데릭 르누아르에 따르면 영혼과 천체는 동시에 인지되며, 그 이름을 '신'이라고 부릅니다. 달리 말해서 내 마음 안에서 우주 법칙을 발견한다는 얘기입니다.

"별이 빛나는 것은 각자 자신의 별을 찾기 위함일까."

어린 왕자의 이 말은 인간 내면에 존재하는 신의 일부를 발견한다는 뜻이 아닐까요?

물론 지금 당장 내 마음의 서랍을 열어 익숙한 물건 중에서 신의 일부를 발견할 수는 없죠. 중요한 건 내 마음의 구조를 해체하는 데서 시작됩니다. 평생에 걸쳐 고착된 마음에서 벗어나는 것을 부처는 해탈의 조건으로 보았고, 그렇게 벗어난 뒤 신과의 관계 맺음으로 나아가라고 말한 것이 예수죠.

자신의 별을 찾는 과정은 이처럼 기존 마음의 해체 혹은 해방과 초월적 존재와의 재결합이라는 형태로 이루어집니다. 소크라테스는 해방과 재결합을 이성을 통한 자의식으로 보았습니다. 그리스 철학자들은 대부분 인간 내면에 신의 일부가 존재한다고 확신했죠. 게다가 행복을 위해서는 내 안의 신을 더욱 성장시켜야 한다고 믿었습니다. 이처럼 내 안에서 초월적 존재를 발견하려는 시도는 역사 속에서 늘 인간의 가장 숭고한 활동으로 여겨져 왔습니다.

"믿음이 사라지면 신은 죽고 무용해진다."

_ 〈성채〉, 앙투안 드 생텍쥐페리

―――― 신의 이름 ――――

아인슈타인은 신을 믿느냐는 질문에 "먼저 당신이 신을 통해 이루고자 하는 것을 말해주시오. 그러면 내가 신을 믿는지 말씀드리겠습

어린 왕자와 다시 만나다

니다."라고 대답했습니다. 신을 정의한다는 것은 간단한 일이 아닙니다. 불교의 경전 〈금강경〉에는 이렇게 기록되어 있습니다. "신은 신이 아니다. 단지 그 이름이 신일 뿐이다." 초월적 존재란 그 어떤 단어나 정의로도 국한시킬 수 없기 때문에 초월적 존재가 됩니다. 정의가 불가능하지요. 서양에서 내려온 부정신학(Apophatic theology) 역시 신을 말로 표현할 수 없는 존재로 여겨 그 정의를 부정하고 있습니다.

  초월적 존재 혹은 신을 말할 때는 각 문화권에서 전통적으로 내려온 여러 신들과 구분해야 할 것 같습니다. 예를 들어 민속신앙이나 민속신앙을 받아들이고 있는 종교에서 여러 신들을 찾을 수 있습니다. 정령 혹은 귀신 따위로 불리는 이들 신들은 일상의 안전, 액막이, 자손의 번성, 부귀영화와 같은 세속적 욕망과 매우 밀접한 관계를 갖고 있습니다. 만일 우리가 우리의 세속적 욕망에 대해서 아무런 비판이 없다면 우리는 초월적 존재의 자리에 여러 신들을 둘 수도 있게 되죠. 그냥 덮어 놓고 구복을 비는 마음은 온갖 종류의 신이 세상을 뒤덮도록 내버려둘 것 같습니다. 내가 믿는 그 신이 과연 이성에 의해 걸러졌는지, 비판에 의해 껍질을 벗었는지 확인하지 않으면 우리는 눈 가리고 화살을 쏘는 것과 같아서 주어진 대로 믿게 될지도 모릅니다. 어린 왕자가 "사람들은 상상력이 부족해. 그래서 남의 말을 되풀이해."

라고 슬프게 말한 이유도 여기 있겠죠.

성숙한 신앙을 위해서는 이성이 필요합니다. 성 안셀무스는 신학에서 "신앙은 이해를 추구하는 것"이라고 고전적 정의를 내립니다.

이성이 없는 신앙은 매우 취약합니다. 이성적 접근을 통해서 우리는 하나의 보편적 계획에 합류하게 됩니다. 이성은 혹시 모를 고립을 막아주고 타인과 대화하도록 이끌어주며 교류, 토론, 논증을 가능하게 합니다.

우리가 절대자에게 부여한 이름이 무엇이든 상관없습니다. 우리가 절대자를 찾는 방식이 의식적이든 무의식적이든 상관없습니다. 이보다는 우리가 내면에서 절대자를 찾고 있으며, 절대자와 다시 연결되기를 원한다는 사실이 중요합니다.

"어떤 기적은 침묵하는 것이 좋다.

너무 생각하지 않는 것이 바람직하다.

그렇지 않으면 우리는 아무것도 이해하지 못하게 된다."

_ 〈인간의 대지〉, 앙투안 드 생텍쥐페리

어린 왕자와 다시 만나다

── 이해를 넘어서 ──

신을 정의하거나 이해할 수 없다면 단지 경외심을 갖고 바라보기만 해야 할까요? 언제까지 신을 '이해 불가'의 상태로 남겨두어야 할까요? 그런데 때때로 어떤 미스터리는 밝혀짐의 영역 밖에 있을 수도 있습니다.

여러분은 채소나 꽃을 키워본 적이 있을 겁니다. 처음 싹이 돋았을 때도 기억하겠죠. 경이로움을 느끼며 깊은 인상을 받거나 감동하지는 않았나요? 이 새싹들처럼 우리를 성장시키고 우리의 눈과 귀를 즐겁게 할 삶의 새싹들이 성장하는 모습을 보는 것은 경이로운 일입니다. 과학은 지금껏 싹이 트는 현상을 연구해 왔으나 그 과정을 설명할 수 있는 단계에 이르렀을 뿐, 생명의 본질에 대해서는 여전히 입을 다물고 있습니다. 누군가, 혹은 무언가 싹을 트게 하지만 그 본질이 무엇인지는 아무도 답을 못하고 있죠. 삶도 이와 마찬가지입니다. 사람이 자라는 과정은 과학적으로 설명이 되지만 생명력으로 넘어가면 그게 뭔지, 그게 어떻게 생겼는지 아는 사람이 없습니다. 그 '이해 불가'가 우리를 미치게 만들고, 우리에게 감탄을 불러옵니다.

신이 누구인지 아는 것, 어떤 특징을 갖고 있는지 정의 내리는 것은, 실로 불가능해 보이고, 무엇보다 중요하지 않습니다. 도리어 신과 나의 관계에 초점을 맞추는 것이 더욱 중요합니다.

블레즈 파스칼은 신이 존재하거나 존재하지 않을 확률은 반반이기 때문에 신이 존재한다는 쪽에 내기를 거는 것이 더 이성적이고 이익이라고 말했습니다. 이를 '파스칼의 내기'라고 부르죠. 신이 존재하지 않는다면 우리는 아무것도 잃지 않지만 신이 존재한다면, 존재를 믿고 그에 합당하게 행동해온 우리의 삶이 인정받기 때문에 두 배로 이긴 셈이 됩니다. 파스칼의 내기는, 과학적 논증이 불가능한 영역에서 우리가 무엇을 택하는 게 현명한지 보여주는 한 가지 방식입니다만, 그러나 거부하기 힘든 강력한 권유입니다.

—— 신 혹은 신성에 대한 경험 ——

머리로 이해하는 신은 불완전한 신입니다. 신을 보다 온전히 알기 위해서는 경험이 필요합니다. 신을 경험할 수 있는 방법에는 무엇이 있을까요?

어린 왕자와 다시 만나다

회화, 음악, 시를 통해서 우리는 신성을 감지합니다. 우리의 본성은 불완전한 세계에 유배됐기 때문이죠. 예술이란 예술가가 영감에 따라 절대자와 아름다움을 추구하는 과정에서 탄생한 것이죠. 보들레르의 말을 빌리자면 "땅과 땅에서 벌어지는 구경거리들은 이 감탄스럽고 영원한 미에 대한 본능 때문에 어떤 통찰이나 천상과의 교감으로 여겨지는" 것이죠.

인간은 그림을 그리고 작곡하고 글을 쓰기 위해 창의력이라는 무한한 원천을 끌어옵니다. 우리는 창의력의 한계를 결코 알 수 없습니다. 창조는 우리에게 끊임없이 새로워질 기회를 제공합니다. 비록 우리에게 모차르트나 반 고흐, 셰익스피어 같은 재능은 없을지라도 예술에는 각자를 극복하도록 돕는 힘이 있으며, 신성을 경험할 수 있는 기회를 제공합니다.

플라톤은 가장 훌륭한 것은 그리스어로 '테이아 마니아(theia mania)', 즉 신성한 광기의 형태로 온다고 생각했습니다. 예술가에게 질문을 던져 영감을 얻을 때 어떤 기분인지 묻는다면 '신적인 광기'를 연상시키는 어떤 경험담을 듣게 될 겁니다. 자신을 의식하지 못하는 상태, 내가 사라지는 경험, 내가 압도당하는 황홀경 상태에 빠지는 것이죠.

예술보다 더욱 우리를 신성한 광기에 젖게 하는 게 있습니다. 사랑입니다. 사랑하는 사람을 우연히 만났을 때 우리는 '첫눈에 반했다'고 말합니다. 사랑에 빠졌던 순간을 떠올려보세요. 단순히 좋다, 행복하다는 감정을 넘어서 어떤 생명력을 느끼지 않았나요? 사랑이 불러오는 고통에 가까운 흥분은 우리를 불안정하고 상처받기 쉬운 존재로 만들어버리지만 자세히 들여다보면 사실은 우리에게 엄청난 활력이 생긴 것이죠. 설령 사랑을 이루지 못하더라도 상관없습니다. 사랑에 빠져 있는 순간, 우리는 인생의 중심에 서 있는 것입니다. 어린 왕자가 장미와의 관계 문제로 작은 별을 떠나 여정에 나서는 순간, 그는 삶의 중심부를 관통하게 됩니다.

우리는 예술의 영감이나 사랑과 같은 심리 상태에 놓일 때 광대함에 눈을 뜨고 신이나 혹은 신성에 가까워지는 듯한 기분을 느낍니다. 그런 기분일 때 구석에 숨어서 살짝 모습을 내비치는 초월적인 어떤 것을 감지하며 존재를 짐작하게 되죠. 만일 우리가 사소한 어떤 것에서 신 혹은 신성을 발견했다면 그 순간만큼은 신 혹은 신성의 눈을 통해 세상을 보고 있다는 뜻이 됩니다(부처 눈에는 부처만 보이고, 돼지 눈에는 돼지만 보인다!). 내 안에 있던 신성을 회복하는 순간입니다. 그런 눈으로 볼 때 다른 모든 생명과 다른 모든 사물이 나와 긴밀한 관계 아

어린 왕자와 다시 만나다

래 있음을 알게 되고, 그 안에서 모든 것에 대한 더 큰 사랑을 느낄 수 있습니다.

신은 인간에게 더욱 가까워지기 위해 인간이 됐습니다. 우리는 그에게 친구처럼 이야기할 수 있고 말을 걸 수 있습니다. 겉보기에는 독백과 같았던 어린 왕자의 말들을 생각해 보세요. 그는 그 순간 신에게 말을 건넸던 것입니다. 그게 가능했던 것은, 단지 어린 왕자라서가 아니라 그의 마음에는 작은 별과 장미, 그리고 무엇보다 사랑이 가득했기 때문입니다. 사랑에 빠진 사람은 철학자가 되며, 신을 보게 됩니다.

육체의
눈을 감고
마음의 눈을
떠야 할 때

기후, 산, 고요한 사막, 해빙, 꽃으로 덮인 비탈,
잔잔한 물, 보이지 않고 기념비적인 보증과 더불어
드넓은 영혼은 무엇보다 중요하다.

_〈성채〉, 앙투안 드 생텍쥐페리

"마음으로 봐야 해. 중요한 건 눈에 보이지 않아." 언제나 어린 왕자를 떠오르게 하는 글귀입니다. 이 책 역시 이 글귀에서 시작되었죠. 어린 왕자가 우리에게 보내는 핵심적인 메시지이자 존재의 내면으로 돌아가라는 정중한 권유이기도 합니다. 우리가 가진 가장 고귀한 것으로 이 권유를 따릅니다. 바로 마음입니다.

　마음으로 할 수 있는 일은 참으로 많습니다. 우리 자신을 극복하도록 만들고, 그런 극복의 여정을 거쳐 보다 깊은 곳까지 도달할 수 있도록 이끌어주는 것도 역시 마음이죠. 그 덕분에 우리는 우리의 한계 밖에 있는 것들, 다른 차원에서 온 것들에 마음을 열 수 있습니다. 이런 것들은 무한하고 끝이 없으며 눈에 보이지 않습니다. 그러니 보이지 않는 것을 볼 때는 육체의 눈을 감고 마음의 눈을 떠야 하는 것이죠.

—— 자기 초월 ——

에이브러햄 매슬로는 유명한 욕구 5단계설에서 피라미드의 제일 상단에 자기 초월 욕구(self-transcendence)를 추가했습니다. 하지만 이 마지막 단계는 역사적으로 인정받지 못했고 간혹 언급만 될 뿐이었습니다. 아마도 매슬로가 병마와 싸우느라 힘에 부쳤던 것일지도 모릅니다.

매슬로에 따르면 성장을 마친 인간은 자기 초월의 가치에 동기를 부여하는 경향이 있다고 합니다. 기본적 욕구(생리, 안정, 소속, 인정, 자아실현)들이 충족됐을 때 인간은 대의나 이상에 몰두하고 타인에게 봉사하고 싶은 욕구를 느끼는 것이죠. 정신적으로는 신과 관계 맺기를 원하게 됩니다.

그런 경험의 특징 가운데 하나가 '시간을 잊게 된다'는 점입니다. 시간 속에서 살아가는 존재가 문득 시간으로부터 벗어나는 듯한 느낌을 받게 됩니다. 이는 세계와 일체감을 느끼는 순간으로, 초월의 증거입니다. 보통 찰나에 겪게 되는 이러한 경험들은 마치 시간이 멈춘 듯하고 느려지는 것처럼 특유의 강렬함이나 초시간성 같은 느낌들 때문에 인생의 전환점으로 정의됩니다. 신비로운 경험들은 말로 표현할 수 없고, 기존에 알던 지식으로도 설명이 불가능합니다. 만일 여러분이 이런 경험을 했거나 비슷한 이야기를 들었다면 이러한 경험들은 시간 밖이나 시간을 넘어선 곳에서 일어난 일로 이해하면 조금 수월하게 받아들일 수 있습니다. 시간을 초월한 곳, 바로 '영원'의 체험이죠.

"겉모습을 보고 사람을 만나서는 안 된다.

영혼, 마음, 정신의 8층까지 내려가서 만나야 한다."

_〈성채〉, 앙투안 드 생텍쥐페리

우리가 생각하는 시간이란 어제 다음에 오늘이 있고, 오늘 다음에 내일이 있는, 일상적인 의미에서 순차적으로 나열된 어떤 것이죠. 만일 이게 시간이라면 끝없이 이어지는 자연수를 따라 시간 역시 영원히 이어질 것 같습니다.

그런데 영원은 이런 개념이 아닙니다. 오늘, 내일, 모레가 끝없이 펼쳐지는 시간을 뜻하는 게 아닙니다. 철학자 보이티우스에 따르면 영원이란 '영원한 오늘'을 의미합니다. 그는 이런 표현으로도 만족하지 못해 '연속' 혹은 '순수한 지금'이라는 표현으로 '영원'을 포착하려고 했죠. 물론 포착이 되는 개념은 아니지만 말이죠.

과거로 돌아가면 영원이 일반적인 시간 개념과 다른 의미였다는 게 조금 더 분명해집니다. 소크라테스 이전의 고대인들에게 영원은 시간과 반대 개념이었습니다. 시간은 보통 어제에 대해서 오늘이 있고, 내일에 대해서 어제가 있습니다. 상대적인 개념이죠. 인류가 탄생하기 이전부터 존재했던 게 아니라 인간이 자기 편의에 따라 만들어놓은 개념들입니다. 마치 하늘을 '위'라고 부르고, 땅을 '아래'라고 부르기로 약속한 것처럼 말이죠(우리가 '위'라고 부르는 방향은 지구 반대편에서 보면 '아래'가 됩니다. 관찰자의 위치에 따라 달라지는 상대적인 개념이죠.).

반면 고대인들은 영원을 대개 유일한 순간으로 생각했습니다. 모든 점이 중심으로부터 똑같은 거리에 있는 원을 상상해보세요. 시곗바늘은 원둘레를 따라 움직이지만 원 중심은 어떻습니까? 시곗바늘이 수십 바퀴를 도는 동안에는 중심은 미동도 없이 그 자리를 지킵니다. 중심에는 시간이 흐르지 않죠. 그곳이 영원입니다. 중심에는 영원한 현재만 있습니다. 우리가 충만하게 존재한다고 이야기할 때 가령 우리는 그 중심에 자리하거나 집중하고 있다고 말할 수 있습니다. 때로는 시간이 멈춘 것처럼 느낄 정도로 말이죠.

시인 윌리엄 블레이크(William Blake)는 그의 시 〈순수의 전조〉 1절에서 영원을 훌륭하게 표현했습니다.

한 알의 모래알에서 세상을 본다

한 송이의 들꽃에서 하늘을 본다

손바닥으로 무한함을 쥔다

찰나의 순간에서 영원을 본다

시간 정지를 경험한 적이 있나요? 그 순간 여러분은 무엇을 하고 있었나요? 아마도 오후 햇살을 즐기기 위해 야외에 앉아 있었거나 나무 사이에서 들려오는 바람 소리를 들었거나 혹은 아름다운 지저귐과 함께 우아하게 비행하는 새를 보고 있었을지 모릅니다. 새들의 노랫소리에 심취하여 감동에 젖어 있었을 때, 즉 그 노랫소리가 내 영혼에 말을 걸었을 때 우리는 시간을 잊고 영원으로 한 걸음 들어섭니다.

종종 경험하는 이런 순간을, 우리는 영원한 순간이라고 부릅니다. 손목시계의 움직임과 무관하게 당신은 시간 정지와 더불어 완전한 존재를 경험하게 되죠. 이 찰나는 시간 속에 고정되어 영원히 사라지지 않죠.

"진정한 여행은 사막을 건너는 것도 대양을 횡단하는 것도 아니다. 순간이라는 풍미로 내적 삶의 경계를 에워싸는 특별한 지점에 이르는 것이다."

생텍쥐페리 역시 이 순간을 언어로 포착하고 싶어 했습니다.

여전히 손목시계의 시간만이 유일한 진실인 것처럼 생각하는 당신을 위해, 잠깐 시간이라는 것을 생각해 보죠. 시간은 우리의 믿음처럼 과연 존재하는 것일까요? 존재한다고 말하기 위해서는 사라져서는 안 됩니다. 흔히 '존재'라는 말을 할 때는 질량불변의 법칙처럼 겉모습은 달라져도 그 질량은 보존되어야 하기 때문이죠. 그런 것만을 우리

어린 왕자와 다시 만나다

는 '존재'라고 부릅니다. 시간은 그런 의미에서 '존재'일까요? 과거는 지나가 버렸고, 미래는 다가오지 않았다고 정의하는데 그렇다면 과거와 미래는 과연 존재하는 것일까요? 우리는 시간이란 과거, 현재, 미래로 이루어져 있다고 생각했는데 이 중에 두 가지, 즉 과거와 미래는 우리의 정의처럼 하나는 사라졌고, 하나는 아직 오지 않았습니다. 이건 '없는 것'이라고 보는 게 옳지 않을까요? 대개 과거와 미래는 우리 생각 속에서만 살아갑니다. 그렇다면 혹시 이 둘은 다른 이름이 있는데도 우리가 굳이 시간이라고 부르는 것은 아닐까요? 지나갔다고 생각되는 과거란 본래 '기억'이고, 아직 오지 않았다고 생각되는 미래란 본래 '기대' 혹은 '바람'이 아닐까요? 이 생각에 동의한다면 남는 것은 오직 현재밖에 없게 됩니다. 성 아우구스티누스가 이를 잘 설명합니다. 그는 시간에는 '세 가지 현재'밖에 없다고 말했죠. 과거의 현재, 현재의 현재, 미래의 현재입니다. 과거의 현재가 기억이요, 미래의 현재가 기대이며, 현재의 현재는 직감이라고 불렀습니다.

이렇게 보면 시간은 존재하지(지속하지) 않습니다. 오직 지속하는 것은 현재밖에 없습니다. '영원'을 다시 '영원한 현재'라고 풀이하는 이유입니다. 생텍쥐페리 역시 〈성채〉에서 이렇게 말했습니다.

"미래를 준비한다는 것은 현재를 바로 세우는 것이다. (중략)

정리해야 하는 것은 현재뿐이다."

—— 영혼 ——

따지고 보면 질소 화합물 따위로 이루어진 인체 역시 원자 단위에서 보면 무생물과 구성 요소가 다를 건 없죠. 그러나 생물로서, 사람으로서 살아갈 수 있는 건 생명력을 유지시키는 뭔가가 있기 때문입니다. 그 무언가는 과학자들이 숱한 가설과 실험도구를 통해서 찾으려고 시도했으나 여전히 발견된 적이 없는 어떤 것입니다. 그래서 우리는 잠시 고대인들의 상상력에 의존하려고 합니다. '숨, 호흡'을 뜻하는 라틴어 '아니마(anima)'에서 유래한 단어 영혼(âme)을 생명력의 비밀이라고 부르려고 합니다.

아리스토텔레스는 영혼은 다양한 형태로 존재한다고 생각했습니다. 그는 먼저 식물의 영혼으로서, 영양을 섭취하고 성장을 가능케 하는 섭생의 영혼(nutritive soul)을 언급합니다. 신체를 성장하게 하는 영혼을 의미합니다. 그리고 동물의 영혼으로 외적 감각(오감)과 상상, 기억, 상식, 판단의 네 가지 내적 감각을 가능하게 하는 감각의 영혼 (sensitive soul)을 듭니다. 개나 고양이는 섭생의 영혼과 함께 감각의 영혼까지 함께 갖고 있는 것이죠. 마지막으로 인간은 이 두 가지 영혼에 한 가지 영혼이 더 있다고 합니다. 모든 것을 좋은 방향으로 변화시키는, 인간에게 적합한 집단 영혼(collective soul)입니다. 쉬운 말로, 이성이 있다는 얘기죠. 이성은 우리에게 자유의 길을 알려주고, 세상에 대한 지적 접근을 가능하게 해줍니다. 인간은 식물적 생식 욕구에 동물적 감각이 더해지고, 마지막으로 신의 능력인 이성이 더해져 탄생한 존재라는 게 그의 영혼론이죠.

물론 현대에는 아리스토텔레스의 생각을 액면 그대로 받아들이지는 않습니다. 그러나 그의 생각 가운데 중요한 아이디어 한 가지가 숨어 있습니다. 신의 능력이라고 불리는 이성의 놀라운 기능이죠.

고대인들이 신을 떠올릴 수 있었던 것은 거대함과 무한함을 상상할 수 있었기 때문이라고 사람들은 말합니다. 그 무한함과 거대함은 어디에서 온 것일까요? 식물의 섭생 영혼? 동물의 감각 영혼? 아니죠. 신의 능력이라 불리는 이성의 영혼입니다. 파스칼에 따르면 인간은 세계와 비교하면 미약한 존재일 뿐이지만 반대로 사유를 통해 세계를 알고 또 품을 수 있는 존재입니다. 머릿속으로 태양계를 순식간에 오갈 수 있고, 은하계 너머를 상상할 수 있습니다. 멀리 초신성이 어떤 과정을 거쳐 붕괴되는지도 우리는 알고 있습니다. 모르는 것 빼고는 모두 알 수 있는데 심지어 우리가 모르는 게 무엇인지도 계속 알아가고 있죠. 지적 욕구는 계속 증가하고 있습니다. 그와 함께 우리에게는 무한함이라는 특성을 가진 게 또 있습니다. 좋아하는 마음도 끝이 없습니다. 좋아하고 사랑하는 마음은 그 끝이 어디인가요?

이 두 가지를 탄생시킨 것은 아리스토텔레스 식으로 말하면 식물의 영혼도 아니고 동물의 영혼도 아닌, 신을 닮았다는 이성의 영혼입니다. 지식과 사랑, 마치 철학의 어원을 연상시키는 이 두 개의 단어는 이성이라는 영혼의 산물입니다. 그리고 더욱 놀라운 것은 우리는 하나의 작은 사물 안에서 무한함을 발견할 수 있다는 사실입니다. 더 많은 것을 가진다고 무한함을 얻는 건 아닙니다. 진짜 무한함은 크기를 따지지 않으며, 도리어 그 작은 한 가지에 깊은 애정을 쏟을 때 얻을 수 있습니다. '한 알의 모래알에서 세상을 본다'는 윌리엄 블레이크의 시와 함께, 어린 왕자의 한 문장이 이를 잘 보여줍니다.

"사람들이 찾는 것 한 송이의 장미거나 한 모금의 물일 수도 있는데…"

"안다는 건, 분석하는 것도 설명하는 것도 아니다.

보이는 것에 다가가는 것이다."

_ 〈전시 조종사〉, 앙투안 드 생텍쥐페리

찰나에 영원이 있다는 생각, 나아가 작은 무한함(사람)이 거대한 무
한함(신 혹은 초월적 존재)을 드러낸다는 생각은 정말 멋진 일이 아닐까
요? 무한함의 길로 가기 위해서는 최소한의 생각이나 의문을 가질 필
요가 있습니다. 천리 길도 한 걸음부터 시작하죠. 무한함, 영원, 영혼,
이성과 같은 단어가 부담스러울수록 우리는 더더욱 가장 단순하고 가
장 간단한 행동 하나를 통해서 접근하는 방법을 찾아야 합니다. 복잡
하게 분석하고 어렵게 생각할 게 아니라 간명함을 나의 무기로 삼아
야 합니다. 이해를 통해 높아지려고 하지 말고, 일단 보이는 대로 받
아들이는 게 무엇보다 중요하죠.

우리는 삶을 간결한 표현으로 축약하거나 단순화하면서 더 쉽게 알
고 이해할 수 있습니다. '오컴의 면도날(Ockham's Razor)'은 단순성의
원칙 혹은 사고 절약의 원칙을 의미합니다. 하나의 현상을 설명하는
여러 방식이 있다면 이 가운데 가장 단순한 설명이 옳다는 법칙이죠.
불필요한 것을 제거하고 기본으로 돌아가 가장 중요한 것만을 남깁니

다. 레오나르도 다 빈치도 "단순함이란 궁극의 정교함이다."라고 말했죠. 인생의 어려운 시기가 지난 후 우리는 행복해지는 데 많은 것이 필요하지 않다는 것을 알게 됩니다. 속도를 늦추면 우리에게 정말 중요한 것의 진가를 알아챌 수 있습니다. 그렇게 툭툭 털어내며 최대한 단순해진 뒤에야 비로소 내면의 영혼을 복원시킬 수 있고, 천천히 나자신의 본질로 돌아갈 수 있습니다. 부러움 때문에 질투하고, 모자람 때문에 위축된 마음에서 벗어나면 비로소 무한함의 세계로 다가갈 수 있는 길이 열립니다.

"위대한 것도 사소한 것도 믿지 마라. 그저 응시하라."

빅토르 위고의 조언입니다. 우리는 그의 말처럼 비교하는 마음을 내려놓고 세상을 응시하는 가운데 아름답게 수놓인 삶 속으로 들어갈 수 있습니다. 순수한 바라봄이 가능해질 때 영원의 순간으로 진입하며 인생을 사랑하게 됩니다. 그곳이 우리가 그토록 찾던 '나'라는 존재의 집입니다.

마음의 충동에 따라 살아가며, 사랑이 우리의 오감을 진두지휘한다고 잠시 상상해보죠. 눈이나 귀가 아니라 마음으로 볼 때만 모습을 드러내는 세상이 눈앞에 나타나고, 나아가 더 수월하게 듣고 맛보고 느끼고 감동할 수 있습니다. 마음이 모든 감각 경험을 승화시킵니다.

무언가를 마음으로 본 마지막 순간을 기억해보세요. 더 마음을 열어서 더 큰 감동을 느낄 수는 없었을까요? 이런 경험이 여러분을 더 너그럽고 관대한 사람으로 만들지도 모르니까요.

빛이 만들어내는 단순한 시각적 세계와 겉모습의 한계를 뛰어넘어 사물에 자신을 투영하면 우리는 어려움에 처한 사람의 고통을 함께 느낄 수 있습니다. 마음으로 들을 때 우리는 더 많은 감정을 느끼고 숨은 의미를 파악할 수 있죠. 마음으로 음식을 먹을 때 우리는 감각을 총동원하여 맛을 즐기고 넉넉하게 준비된 음식을 감사하게 받습니다. 마음으로 느낄 때 우리는 행복한 향기에 사로잡혀 행복한 순간을 떠올립니다. 마음으로 감동이 전해질 때 우리는 타인과 연결되고, 측은한 마음으로 온화하게 행동할 수 있게 됩니다.

이번 생에서 우리가 맡은 임무는 무엇일까요? 이 땅에서 살아가는 우리의 본질 혹은 하늘의 본질은 무엇일까요? 또 우리의 마음은 무엇을 원할까요? 이 질문에 답을 찾는 것이 가장 중요한 듯합니다.

"당신이 죽기로 작정한 이유가 있다면 당신은 그 이유 때문에 살 수도 있다."

생텍쥐페리의 말입니다. 습관적으로 살아오면서 찾게 된 어떤 이유도 우리의 생사를 결정하지 못합니다. 우리는 아직 본질을 파악할 준비가 되어 있지 않다고 생각하고, 보다 단순한 마음을 만들어야 합니다. 플라톤은 우리 모두에게는 신의 완벽한 계획이 있다고 말했습니다. 우리를 속박하고 괴롭히며 짐을 지우는 것으로부터 자유로워질수록 신의 계획으로 다가갈 수 있는 힘을 느끼게 됩니다.

"본질, 우리는 그것을 예측하지 못한다."

_ 〈인간의 대지〉, 앙투안 드 생텍쥐페리

프랑스 철학자 앙리 베르그손(Henri Bergson)은 우리의 본질을 완전히 경험하려면 본보기가 되는 성인, 영웅, 예술가에게서 영감을 얻으라고 제안합니다. 검소하고 어진 성인은 자신을 잊고 타인을 향한 사랑 속에서 사는 사람입니다. 마찬가지로 영웅은 불의와 악에 맞서며

어린 왕자와 다시 만나다

선의에 기여하죠. 예술가는 자신, 자신이 가진 것, 자신이 세상에 주고 싶은 것에서 영감을 얻어 자신의 존재를 끝없이 재창조합니다. 제2차 세계대전 이후 종교 예술을 부흥시킨 장본인이기도 한 도미니크 수도회의 마리-알랭 쿠튀리에(Marie-Alain Couturier) 신부는 예술가는 "보이지 않는 것을 목격한 사람"이라고 말했습니다. 시대를 막론하고 예술은 존재의 충만함으로 돌아가는 가장 분명한 길인 것입니다.

우리 안에도 성인과 영웅, 예술가가 존재합니다. 이 인물들이 영원과 본질로 향하는 여정에 길동무가 될 수 있습니다. 내 안의 아이도 함께 길동무를 삼는다면 여정은 놀이와 경쾌함, 단순함, 경탄으로 채워지겠죠. 이런 동행이 우리를 보이지 않는 세계의 문으로 인도합니다. 그 문은 단지 상상 속에 세워진 문이라서 어른의 눈으로는 볼 수 없지만 아이들은 손으로 가리키며 우리를 재촉합니다. 뛰놀고 상상하고 무언가를 만드는 아이는 우리가 어디로 가야 하는지 누구보다 잘 알고 있는 것 같습니다.

우리 내면의 본성을 실현할 수 있다고 생각하나요? 행복, 사랑, 그리고 삶이 우리에게 주어야 할 경이로운 선물들을 믿고 있나요? 보이지 않는 세계에서는 존재하지 않는 것도 존재할 수 있으며, 불가능하다고 여겼던 모든 일이 가능하다고 생각되지 않나요? 두려움, 머뭇거림, 혹은 잘못된 믿음을 버려야 합니다. 대신 내게 다가오는 놀라운 세계를 두 팔 벌려 받아들이는 자세가 필요합니다. 그러면 우리의 존재가 가득 차오르는 경험을 하게 될 것입니다.

——— 되찾은 보물 ———

〈어린 왕자〉의 앞부분과 뒷부분에는 눈에 보이지 않는 것에 대한 이야기가 실려 있죠. 앞 장면은 모자처럼 생긴 '코끼리 삼킨 보아뱀'이었죠. 뒷부분은 어린 왕자가 뱀에게 물리는 대목입니다. 어린 왕자는 그의 친구 비행사에게 이건 죽음이 아니요, 새로운 탄생이라고 말합니다.

"오래된 껍데기 때문에 슬플 건 없잖아요⋯."

생텍쥐페리의 어린 왕자는 눈에 보이는 생로병사의 세계에서 그 너머의 세계로 갈아탈 것을 말하고 있습니다. 누구도 죽음을 새로운 탄생이라고 말하지 않지만 우리는 얼마든지 그걸 찾아낼 수 있다는 얘

기죠. 프랑스 작가 마리 드 에느젤(Marie de Hennezel) 역시 "우리에게서 결코 늙지 않는 것을 찾아야 한다."라고 말했습니다. 우리에게 결코 늙지 않는 것, 즉 시간으로부터 벗어나 있는 것은 무엇인가요? 영원한 현재를 살아가는 건 바로 사랑하고 꿈꾸고 창조하고 바라보고 감탄하는 능력입니다. 이는 일부일 뿐 그 능력을 모두 나열하려면 끝도 없죠.

힌두교에 내려오는 전설이 있습니다. 모든 인간은 한때 신이었다고 합니다. 인간이 능력을 남용하자 최고의 신인 브라흐마는 인간에게서 힘을 빼앗고 인간이 찾을 수 없는 곳에 그 힘을 숨기려고 했습니다. 그러나 마땅히 숨길 만한 장소가 보이지 않아 어린 신들에게 조언을 구했습니다. 어린 신들은 그 보물을 땅에 묻으라고 했지만 브라흐마는 인간은 결국 땅을 파헤쳐 찾아낼 것이라고 말하면서 반대했죠. 그러자 이번에는 바다 깊은 곳에 감추라고 제안했습니다. 이번에도 브라흐마는 인간은 언젠가 바다 깊은 곳을 탐험하게 될 것이라며 적당한 장소가 아니라고 고개를 저었습니다. 어린 신들은 브라흐마를 설득할 방법이 없었습니다. 그때 브라흐마가 묘안을 떠올립니다. "인간에게 빼앗은 그 신의 힘을 인간의 가장 깊은 곳, 마음 안에 숨깁시다. 인간은 결코 찾아볼 생각도 못할 유일한 장소니까요." 그 이후로 인간

　　　　　　　어린 왕자와 다시 만나다

은 자신 안에 숨겨진 줄도 모르고 가장 위대한 보물을 찾아서 땅을 파고 항해하며 탐사합니다. "네 보물이 있는 그곳에는 네 마음도 있느니라." 마태복음의 말씀이 떠오릅니다(6장 21절).

이 숨겨진 능력은 인간에게 모든 문으로 나갈 수 있는 열쇠입니다. 아름다움을 느끼는 것, 삶의 의미를 찾는 것, 행복하게 사는 것, 조화로운 관계를 키우는 것, 연대하는 것, 의식적으로 사는 것, 내 안의 어린아이를 발견하는 것, 섭리를 믿는 것, 신이나 신성을 경험하는 것 그리고 보이지 않는 것의 베일을 벗기기 위한 능력이죠.

"인간은 질서를 잡고 통일해야 할 미완성의 다양성을 내면에 품고 있다. 신은 인간을 대충 만들어 제각각 땅 위에 둔 것이다."라는 아프리카 속담이 있습니다. 우리는 마음과의 연결로부터 우리의 과업을 완수하고 삶의 완벽한 짜임새를 발견할 수 있습니다. 오롯이 우리 자신이 되면서 우리가 이 땅에 존재하는 이유를 완벽하게 파악하고 빛과 평화와 사랑이 관장하는 세계의 출현에 이바지하게 됩니다. 그러면 우리의 삶은 일상의 감탄이 됩니다.

왕이 된 어린 왕자에게 보내는 감사 편지

친애하는 토마

집필을 마친 저는 지금 머릿속에는 새로운 지식이, 마음에는 감사함이 가득합니다. 당신을 처음 만났을 때가 기억납니다. 그때 색다른 일이 벌어질 것 같은 예감이 들었죠. 앙투안 드 생텍쥐페리와의 만남에 대해 말씀해주셨을 때는 그 영원한 순간을 널리 알려야 한다는 생각이 들었습니다.

어느 월요일부터 당신은 특유의 부드러움과 친절함을 더해 당신의 지식과 지혜를 저에게 전해주셨죠. 당신의 총기 어린 눈빛, 말로 표현하기 힘든 그 미소, 그리고 지나치지 않은 장난기에서 당신 안에 남아 있는 어린 토마의 모습을 봤습니다. 어린 토마가 어린 크리스틴에게 손을 내밀어 영감과 생기를 더해준 것이죠.

저는 그날을 영원히 잊지 못할 거예요. 내가 당신의 자녀들과 비슷한 또래라는 것을 알게 된 그날을요. 그뿐 아니라 사랑스러운 아들이 셋이나 있음에도 딸을 원했지만 이미 충분히 대가족을 이뤘다고 생각하고 단념했던 그해가 제가 태어난 해와 같다는 것도 알게 됐죠. 그러면서 저를 마음의 딸로 삼고 싶다고 하셨어요. 저는 흔쾌히 그러겠다고 대답하면서 너무 감격한 나머지 눈물을 흘릴 뻔했어요.

당신을 만날 때마다 모든 것이 마법같이 느껴졌습니다. 마치 당신과 당신의 부인인 크리스틴에게서 (무슨 우연인지 우리는 이름마저 똑같아요!) 특별한 빛이 발산하는 것 같았죠. 또 모든 순간에 섭리가 작용한다고 믿을 만큼 비슷한 점이 많은 한 편의 연극 같았고요. 성(姓)에 대한 고백은 또 어떻고요. 어느 날 당신은 제게 "드 코닝크(De Koninck)는 '왕'을 의미해요."라고 말했어요. 그 말 속에서 당신의 자부심이 조금은 느껴졌습니다. 그 순간 어린 왕자는 왕이 될 수밖에 없다는 생각이 들었어요!

저는 당신과 많은 시간을 보낸 것 같아요. 당신은 저에게 철학뿐 아니라 당신과 당신 장미의 삶에 대해서도 이야기해 주셨어요. 그런데도 당신을 더 빨리 만나고 싶은 마음에 10분 전에 미리 도착해서 옆 골목에 주차하고 약속 시간이 될 때까지 기다렸다는 말은 차마 하지 못했지요. 마치 소중한 친구를 만날 때처럼 마음이 설렜죠.

친애하는 토마, 당신은 저에게 철학적 교훈이 가득했던 매력적인 한 해를 선물해주셨어요. 숙고하는 법, 자문하는 법, 진리를 찾는 법도 가르쳐주셨죠. 무엇보다도 저의 믿음이 심화되고 발전하도록 도와주셨습니다.

당신은 저에게 하늘이 보낸 선물과 다름없습니다. 지식을 전달하려는 열정으로 가득한 당신의 영혼이 가진 풍요를 독자들도 느끼길 바랍니다. 오스트리아의 작가 크리스티안 생제르(Christiane Singer)는 이렇게 말했죠. "이것은 내가 전승해야 하는 것이 아니다. 나는 이를 경계한다. 모든 영혼은 각자의 풍요 속에 있다. 이 풍요를 깨워야 한다. 전승은 자신 안에 최고의 것을 끌어내는 타인을 향한 관심이다." 당신은 제가 영원히 간직할 내 안의 불꽃을 켜주셨습니다.

독일 시인 프리드리히 횔덜린(Friedrich Hölderlin)의 말처럼 저는 당신이 오랫동안 '대지 위에 시적으로 거주하'길 그리고 그만큼 영감을 받기를 바랍니다.

어린 왕자와 다시 만나다

신의 가호와 은총이 가득하길.

동경과 감사의 마음을 담아.

크리스틴 올림

추신

크리스틴 미쇼에게 감사한 마음을 말로 표현할 길이 없습니다. 크리스틴은 이번 책을 계획하고 실행하는 데 에너지와 뛰어난 재능을 아낌없이 쏟아 부었습니다. 저는 크리스틴이 저에게 보내는 찬사를 받을 자격이 없습니다. 저야말로 크리스틴이 어려운 개념들을 빠르고 정확하게 이해하고 친근하게 표현하는 그 비범한 능력에 항상 놀라고는 했으니까요. 크리스틴은 철학적 능력을 결정하는 경이로움과 창조를 가능하게 하는 아름다움에 대한 열의를 가진 사람입니다.

진심으로 감사합니다.

토마 드림

어린 왕자와 다시 만나다

초판 1쇄 발행 2021년 05월 10일
초판 2쇄 발행 2021년 09월 20일

지은이 크리스틴 미쇼, 토마 드 코닝크
옮긴이 구영옥
펴낸이 홍석문

편　집 권병두
디자인 엔드디자인(02.338.3055)
일러스트 조주현

펴낸곳 탬
출판등록 2018년 10월 12일 제2018-000284호.
주소 서울시 마포구 독막로7길 20 JP빌딩 401호
전화 070.4821.0883　**팩스** 02.6409.3055
이메일 taembook@naver.com　**홈페이지** www.taem.co.kr
인스타그램 instagram.com/taem_book

한국어출판권 ⓒ 탬, 2021
ISBN 979-11-971481-2-5 03100